책이 저를 살렸습니다

책이 저를 살렸습니다

초판 1쇄 인쇄 2010년 3월 10일
초판 1쇄 발행 2010년 3월 15일

지은이 | 최준영
펴낸이 | 전승선
펴낸곳 | 자연과인문
등록 | 300-2007-172

주소 | (우110-320) 서울시 종로구 낙원동 58-1 종로오피스텔 605호
전화 | (02)735-0407
팩스 | (02)744-0407
이메일 | poet1961@hanmail.net
홈페이지 | www.jibook.net

값 12,000원
ISBN 978-89-961414-6-4 (03810)

좋은 독자가 좋은 책을 만듭니다.

*잘못 만들어진 책은 구입하신 서점에서 친절하게 바꿔드립니다.

책이 저를 살렸습니다

최준영 지음

"제 무능력을 탓하며 헤어지자는 말만 되뇌던 아내가 있었습니다. 아내는 평소 저하고 통화하는 것조차 거부했습니다. 그런데 제가 성프란시스대학에 들어와서 인문학을 공부한다고 하니까 태도가 달라졌습니다. 어제도 오늘 MT간다고 자랑까지 했습니다. 그러면서 아내에게 '사랑한다'는 말을 했습니다. 16년 만에 처음 해본 말입니다. 제 생각에는 인문학을 공부하는 이유가 이런 게 아닐까 싶습니다. 저 자신도 그런 말을 하는 제가 놀랍습니다. 연애기간 포함해서 16년이 넘도록 단 한 번도 하지 않았던 '사랑한다'는 말을 하게 하는 것, 그게 바로 인문학의 의미입니다. 적어도 제겐 그렇습니다."

| 추 · 천 · 사 |

　바야흐로 대학의 사회적 책임을 성찰해야 할 때이다. 경희대학교는 일찍이 대학의 사회적 책임을 실천하기 위해 노력해 왔다. 국내 대학 최초로 시민들을 위한 정규 인문학 교육프로그램을 시행하고 있는 것이 그러한 노력의 일환이다.
　2008년 경희대학교에 '실천인문학센터'를 설립했다. 센터의 설립과 운영에는 많은 사람들의 열정과 헌신이 깃들어 있다. 특히 조인원 총장의 혜안과 선견지명이 큰 역할을 했으며, 강의에 참여한 교수들, 교직원들의 열정이 한데 어우러진 결과, 어느새 사회적 주목을 받는 기관으로 우뚝 섰다. 센터 설립 이전부터 노숙인 인문학에 매진해 왔던 데다 센터 설립을 제안했던 우기동 교수와 최준영 교수의 공도 남달랐다.
　우리 센터는 그동안 서울특별시, 한국연구재단과 손잡고 다양한 곳에서 인문학 강의를 진행해 왔다. 또한 2009년부터는 서울교정청과 협약을 맺어 영등포교도소, 안양교도소 등에서 교도소 재소자를 위한 인문학 교육도 진행하고 있다. 특히 교도소 인문학은 교정청 역사상 최초로 단 한 건의 불만이 제기되지 않은 유일한 프로그램이라는 결과를 내기도 했다.
　최준영 교수가 최근 거리의 노숙인, 교도소 재소자, 지역 주민들과 인문학을 매개로 함께 어우러졌던 얘기들을 묶어 책을 낸다기에 가장 먼저 해준 말은 '축하한다'가 아니라 '수고했다'였다. 그간의 노고를 잘 알고 있기 때문이었다.

사실 대학 내에서 최준영 교수와의 인연은 그리 깊지 않다. 그러나 인문학 강의의 현장에서라면 얘기가 달라진다. 인문학 강좌가 열리고 있는 곳이면 어디서든 최 교수를 만날 수 있다. 노숙인 쉼터, 교도소, 지역자활센터 등등. 인문학 강좌를 위해서라면 불원천리 달려오는 그는 좋은 동료이자 듬직한 후배이다.

책에는 나오지 않지만 사실 최준영은 가난한 이웃을 위해 기꺼이 자기 자신을 내어주는 사람이기도 하다. 얼마 안 되는 강사료를 털어 노숙인에게 책과 밥을 사고, 함께 술잔을 기울이며 애환을 나누고, '거리의 죽음'에는 상주역할을 마다하지 않고, 그들의 병원행엔 보호자를 자처하며 달려가는 사람이기도 하다.

최준영의 열정을 보면 새삼 인문정신을 생각하게 된다. 인문학의 가치와 의미도 반추하게 된다. 최준영의 인문학은 머리로 하는 인문학이 아니다. 최준영의 인문학은 연구실에서 나오는 논문이 아니라 현장에서 몸으로 체득하고 가슴으로 느끼는 살아있는 인문학이다.

'책이 저를 살렸습니다' 라고 고백하는 건 노숙인들 뿐만 아니라 최준영 그 자신의 고백이기도 할 것이다. 아니다, 우리 모두의 고백이다. 왜냐하면 그것은 바로 '삶을 사랑하는 법'에 대한 고백이기 때문이다.

경희대학교 국문과 교수, 前 문과대학장
최 상 진

| 추·천·사 |

foreword

    노숙인은 말 그대로 길거리에서 자는 사람이다. 이들이 길거리에서 자는 이유는 집이 없기 때문인데, 그래서 영어로는 노숙인을 홈리스라고 부른다. 잠을 자되 비바람 막아줄 벽 하나 없는 한데서 자는 것이기에 노숙인의 잠에는 달콤한 꿈이 깃들 수 없다. 따라서 노숙인에게 필요한 것은 피곤한 몸을 눕힐 수 있는 집 한 칸과 지친 마음을 위로해 줄 수 있는 꿈 한 조각일 것이다. 노숙인에게 정말로 필요한 것은 그들의 마음속에 자신의 집을 그릴 수 있는 의지이고 말짱한 정신으로 세상을 다시 바라보는 시선이다.

    어디서, 아니 무엇이 그런 의지와 시선을 노숙인에게 줄 수 있을까? 책이다. 책 중에서도 인문학이다. 오랫동안 노숙인을 위한 인문학 강의를 진행해 온 최준영 교수가 손이 아닌 몸으로, 머리가 아닌 가슴으로 쓴 이 책 제목처럼 노숙인을 살리는 것은 책이다.

    이제 나는 길거리에서, 지하철역에서 노숙인을 마주치더라도 마음에 거리낄 게 없게 됐다. 그들에게 줄 게 생겼으니까. 동전 한 푼이 아니라, 빵 한 조각이 아니라 나는 이 책을 그들에게 줄 것이다. 아마도 그들은 웬 책이냐고 나를 의아하게 쳐다볼지도 모른다. 그러면 나는 말할 것이다. 여기 이 책에 당신의 피곤한 몸이 쉴 집 한 칸이 있다고, 당신의 지친 마음을 달래줄 꿈 한 조각이 있다고, '책이 저를 살렸습니다' 는 바로 당신의 이야기라고.

시인 정철용

| 추 · 천 · 사 |

　5년 동안 함께 방송했던 최준영은 참 성실한 사람이다. 눈이 오나 비가 오나 방송시간에 늦거나 소위 '펑크'라는 걸 내는 법이 없는 그다. 최준영하면 떠오르는 게 하나 더 있는데, 수줍음이다. 돈도 안 되고 알아주는 사람도 없는 노숙인 인문학을 하면서도 내색하는 법이 없었다. 그게 안쓰러워 부러 방송에서 노숙인 인문학 얘기를 꺼내보곤 했지만 그럴 때마다 그는 수줍어하면서 언제까지나 가난한 이웃들의 친구로 남고 싶다고 말하는 걸 보면 그 역시 이 시대의 '바보'인 게 분명하다. 그 '바보 최준영'이 지난 5년 간 노숙인, 여성가장들, 교도소 수형자들과 함께 인문학을 매개로 울고 웃었던 찡한 사연들을 책으로 엮어냈다. 그중 유독 내 눈길을 잡아끈 가슴 뭉클한 사연 두 가지다. 16년 동안 아내에게 단 한 번도 사랑한다는 표현을 하지 않았던 사내가 인문학 강의를 들은 뒤 후회의 눈물을 흘리며 아내에게 사랑한다는 말을 했다는 사연. 노숙인 인문학 과정을 마친 뒤 취업에 성공한 졸업생이 TV에 나와서 "책이 저를 살렸어요."라고 말했던 사연이다. 방송국에서 직접 들었을 때도 감동이었지만 추천사를 쓰기 위해 원고를 다시 읽어보니 새삼 가슴이 먹먹해지고 만다. 책의 가치와 독서의 의미를 이토록 절절하게 말할 수 있는 사람이 또 있을까 싶을 정도다. 어렵지만 꿋꿋하게 살고 있는 여성들, 수형자들, 노숙인들이 함께 어우러져 만들어낸 이 아름다운 이야기가 많은 사람들의 손과 마음에 전달되기를 바란다.

SBS라디오 '이숙영의 파워FM' 진행자 이 숙 영

| 프·롤·로·그 |

그것은 운명이었네
- 야학에서 시민인문학까지.

고등학교 과정을 야학夜學에서 마쳤다. 검정고시를 통해 대학에 들어갔고, 대학시절엔 야학 교사활동을 했다. 내 청춘의 추억 속엔 오롯이 야학이 들어있다. 야학학생과 야학교사 시절 남몰래 키우던 꿈이 있었다. 두 가지였다. 하나는 세월이 흐른 뒤 마당이 있는 넓은 집을 지어놓고 학업의 기회를 갖지 못한 사람들을 모아 함께 공부하는 곳을 만드는 것이었다. 다른 하나 역시 그와 크게 다르지 않다. 언제까지고 가난한 사람들의 친구가 되기로 했던 것.

대학시절 학업은 뒷전으로 미룬 채 시위와 야학교사 활동에 미쳐 지내는 걸 못마땅해 하던 어머니가 늘 핀잔을 주시곤 했다. "그깟 것 하면 돈이 나오나, 밥이 나오나. 지 코가 석자인 놈이 무신 가난한 사람 돕는다고. 자리 잡은 다음에 해도 늦지 않고만." 치기어린 마음에 어머니에게 말대꾸를 했던 기억이다. "그러는 어머니는 허구헌날 돈돈돈 하시더니, 그래서 부자 됐나요. 전 가난을 극복한답시고 아등바등 살 생각 없어요. 세상엔 돈보다 더 중요한 게 있단 말예요."

대학에서 거듭 재적을 당한 후 사회에 첫발을 내딛었다. 첫 직장은 신문사였다. 그전에도 이런저런 일을 했지만 제대로 된 직장에, 그것도 시험을 봐서 들어가긴 신문사가 처음이었다. 수백 대 일의 경쟁을 뚫고 어렵사리 들어갔지만 1년 만에 그만두고 말았다. 방랑벽 때문이기도 했지만 엘리트 의식에 취한 그네들이 품어내는 비인간적인 분위기가 싫었고, 숨이 막혀 견딜 수 없었다.

직장을 그만둔 뒤 1년여 공들여 쓴 글이 덜커덕 신춘문예에 당선되었다. 비로소 제대로 된 삶을 살게 될 것 같은 기분이었다. 그러나 등단의 단물이 빠지는 데는 그리 오랜 세월이 걸리지 않았다. 이후 좌충우돌하며 인생을 허비하고 있었다.

그때였다. 알고 지내던 성공회 신부에게서 뜻밖의 제의가 들어왔다. 노숙인을 위한 인문학 강좌를 개설하려는데 함께 하지 않겠냐는 거였다. 처음엔 망설였다. 아니, 두려웠다. 학위도 대학 강의 경험도 없는 내가 인문학 강의를 한다는 것은 상상조차 할 수 없는 일이었다. 그러나 신부님의 요청은 집요했다.

문득 대학시절 꾸었던 꿈들이 떠올랐다. 어쩌면 운명일지도 모른다는 생각이 들었다. 차츰 강의에 참여하는 쪽으로 마음을 굳히기 시작했다.

'20여 년 전 꿈꾸던 바로 그 일이 아닌가. 이건 어쩌면 운명일지 모른다. 학위나 조건이 중요한 게 아니라 의지와 열정이 중요한 것 아니겠나. 제안이 들어온 것 자체를 소망스럽게 생각하자. 그간 돈이나 밝히는 삶을 살았더라면 이런 제안이 들어왔을 리 없다. 제안 자체가 그간의 내 삶의 반영인 셈이다. 그래, 한번 해보는 거다. 까짓 야학교사 출신인데……'

그로부터 6년이 지났다. 노숙인을 위한 인문학 강좌에서 출발해 소외계층을 위한 인문학 강좌를 개설한 곳이면 어디든 마다하지 않고 달려갔다. '제주희망대학'의 입학식에 참석해서는 성프란시스대학의 경험을 들려줬고, '관악인문대학'에선 첫 학기의 문학 강의를 맡기도 했다.

강의만 한 게 아니었다. 인터넷에 '책 나누는 사람들'이라는 커뮤니티를 만들어서 책 살 능력이 안 되는 노숙인, 가난한 이웃, 교도소 재소자에게 책을 공급해 주기도 했다. 2년 전 세상을 떠난 작가 김지우가 이 세상과 작별하기 전 마지막으로 한 일은 내 부탁을 받고 관악인문대학 수강생들에게 자신의 소설집 〈나는 날개를 달아줄 수 없다〉 20권을 보내주는 일이었다. 경기광역자활지원센터에서 시행하는 인문학 과정에도 참여해 매주 수원에서 남양주까지 먼 길을 오가며 강의하기도 했다.

3기 졸업생을 배출할 때까지 한 학기도 쉬지 않고 강의했던 성프란시스대학을 그만둔 뒤론 경희대학교로 자리를 옮겼다. 우기동 교수 등과 함께 대학의 사회교육 참여프로그램을 제안한 것이 인연이었다. 경희대에 '실천인문학센터'가 설립되면서 보다 많은 곳에서 강의할 수 있게 되었다.

2008년 한 해 동안 무려 네 곳의 노숙인 쉼터에서 강의했다. 답십리 '비전트레이닝센터', 영등포 '보현의집', 충정로 '구세군브릿지', 신당동 '화엄동산', 2009년엔 경희대학교와 서울교정청이 함께 준비한 교도소인문학 강좌에도 참여했다. 화성직업훈련교도소에서 특강했고, 안양교도소에선 두 학기에 걸쳐 문학 강의를 했다.

인문학 강의를 하면서 새롭게 알게 된 것이 수두룩했고, 무엇보다 내 자신 느지막에 '열공'하는 계기가 되기도 했다. 새로운 사람과의 만남과 관계 맺기가 이어졌고, 결코 평범하지 않은 색다른 경험들을 할 수 있었다. 그중 잊을 수 없었던 일들, 잊어서는 안 된다고 생각했던 에피소드들을 드문드문 기록해 두었다. 그걸 모아보니 어느새 책 한 권 분량이 훌쩍 넘어서 있다.

막상 책을 내려하니 부끄러운 마음이 앞선다. 과연 책을 낼 만큼 최선을 다해왔던가. 섣불리 책을 냈다가 노숙인 등 가난한 사람들을 대상화하고 있다는 비판에 직면하는 건 아닐까. 과연 노숙인, 재소자, 가난한 사람들의 얘기를 읽어주는 사람이 얼마나 될까…….

워낙 많은 사람들을 만났고, 개중엔 잊을 수 없는 고마운 분들이 많지만 책에선 일일이 언급하지 못한 아쉬움이 크다. 우선 떠오르는 사람만 해도 족히 수십 명은 되는 듯하다. 그중 특히 성프란시스대학 1기생졸업생들에 대한 기억이 새롭다. 1기 졸업 이듬해 유명을 달리하신 김원기 선생님도 결코 잊을 수 없을 것이다.

단 한 번도 본 적이 없었지만 대상이 노숙인, 한 부모 가정의 가장인 여성들이라는 말만 듣고 선뜻 특강 제의에 응해주었던 홍세화 선생님과 작가 김형경, 공지영, 여성학자 나임윤경 교수에게 감사의 말을 전하고 싶다.

임영인 신부, 우기동 교수, 고병헌 교수 등이 겉으로 드러난 인문학 강좌의 산파이자 주역들이라면 뒤에서 묵묵히 애써주신 분들이 수도 없이 많다. 1기 수강생들에게 '엄마'로 불렸던 성프란시스대학의 김자옥 사회복지사, (주)삼성코닝의 지원을 이끌어낸 데다 과정 내내 강좌의 흐름을 객관적으로 바라보며 조언과 충고를 아끼지 않았던 조연백 선생님, 다시서기지원센터의 임현철 전 실장, 보임도 받지 못한 채 실무적으로 헌신했던 송하경 씨, 관악인문대학의 오치성 관장과 곽충근 실장, 비전 트레이닝센터의 김범곤 국장, 보현의집의 임영호 부장과 박익현 사회복지사, 구세군브릿지의 최영민 사회복지사, 화엄동산의 홍은정 사회복지사, 안양교도소의 조동주 교도관, 남양주 자활의 엄재영 실장 등등.

부족한 원고를 일일이 다듬어 주신 출판사 '자연과 인문'의 대표 전승선 시인에게도 감사의 말씀을 전하고 싶다. 언제나 인문학 강의의 전망을 고민하며 고군분투하고 있는 경희대학교의 우기동 교수에게 특별히 존경과 사의를 표하지 않을 수 없다.

끝으로, 돈 못 버는 남편 대신 십여 년을 한결같이 생업전선에 나서 모진 고생을 다하고 있는 아내 이선경에게 사랑과 존경의 마음을 전하고 싶다. 아직도 자식 걱정에 여념이 없는 어머니, 언제나 밝게 웃으며 춤과 노래로 아빠를 응원해주는 눈에 넣어도 아프지 않은 두 딸 다정이와 다애에게도 "이 아빠는 너희들을 죽도록 사랑한다."는 말을 전하고 싶다.

지금 이 순간에도 거리에서 혹은 쪽방에서 추위와 허기에 시달리고 있을 노숙인들을 생각하면 순간 몸에 힘이 빠지고 만다. 인문학은 노숙인에게 집을 마련해 주지 못했다. 인문학은 노숙인의 배를 채워주지 못했다. 인문학은 그들의 외로움도 해결해주지 못했다. 다만, 인문학은 우리가 지금, 이곳에 함께 살고 있다는 사실, 그 명백한 사실을 확인시켰을 뿐이다. 지난 6년은 그 작은 사실을 눈으로 몸으로 마음으로 확인하는 시간이었다.

contents

| 차 · 례 |

- 추천사 ································· 5
- 프롤로그 ······························· 9

1부. 인문학으로 희망을 만들어 가는 사람들

- 길 ····································· 19
- 어머니의 이름으로, 가난한 엄마의 이름으로 ······ 24
- 책이 저를 살렸습니다 ·················· 28
- 어느 수형자의 '엄마를 부탁해' ········· 33
- 교도소에서 교수와 제자로 만난 초등학교 동창생 ··· 35
- 흔들리며 피는 꽃 ······················ 40
- 억울하거나 혹은 후회하거나 ············ 43
- 짬뽕국물과 효자 ······················ 46
- 어느 노숙인의 북리뷰, 〈동물농장〉을 읽고 ······ 51
- 편견의 벽에 갇힌 노숙인들 ············· 56
- 불황의 최전선에서 신음하는 어느 여성 노숙인 ··· 62
- 인문학의 힘으로 16년 만에 사랑을 고백하다 ···· 65

2부. 시민인문학 '태어나고 자라고'

- 노숙인 인문학 강좌의 탄생 ············· 71
- '클레멘트 코스'를 만나다 ·············· 75
- 임영인 신부와의 만남 ·················· 79
- 세상에서 가장 작고 아름다운 대학 ······ 83
- 긴장됐던 첫 강의, 엉망이 됐던 사연 ···· 87

- 진정한 교육이란 함께 배우고 가르치는 것 · · · · · · · · · · · · · · · · · 91
- 글쓰기의 힘 · 96
- 토론하다 멱살잡이까지 갔던 사연 · 100
- 거울효과, 노숙인들이 서로를 미워하는 이유 · · · · · · · · · · · · · · 107
- 기쁨과 슬픔이 교직하는 노숙인과 함께 하는 삶 · · · · · · · · · 114
- 얼 쇼리스와 함께 시작한 2학기 강의 · · · · · · · · · · · · · · · · · · 118
- 아직 끝나지 않은 마지막 수업 · 122
- 노숙인인문학에 참여한 교수진 · 126
- 야학교사와 학생, 동료 교수로 만나다 · · · · · · · · · · · · · · · · · · 131

3부. 빵보다 인문학

- 누가 더 가난한 사람인가 · 137
- 밥 대신 말씀주는 종교, 고민만 얹어주는 인문학 · · · · · · · · · 140
- 하늘을 우러러 한 점 부끄럼이 없기를 · · · · · · · · · · · · · · · · · · 144
- 거리로 나온 인문학, 그러나 비겁했다 · · · · · · · · · · · · · · · · · · 150
- 제발, 이런 식의 강의는 아니었으면 좋겠어요 · · · · · · · · · · · · 154
- 어머니의 작은 선물이 맺어준 소중한 인연들 · · · · · · · · · · · · · 160
- 국어실력이 밥 먹여 줍니다 · 165
- 우리 시대 최고의 작가들과 함께 했던 행복한 시간들 · · · · · · 169
- 야학교사들에게 너무 일찍 배워버린 나눔의 의미 · · · · · · · · · 175
- 훌륭한 강의는 소통을 위한 노력에서 비롯된다 · · · · · · · · · · · 179
- 내 마음의 고향 야학, 그리고 시민인문학 강좌 · · · · · · · · · · · 185
- 내가 사랑하는 사람과 내가 사랑하는 사람들 · · · · · · · · · · · · 191
- 노숙인 인문학은 무엇이고, 왜 하는가? · · · · · · · · · · · · · · · · · 197

4부. 희망은 나의 힘

- 노숙인과 노숙자의 차이 · 205
- 편견에 휩싸인 노숙인들 · 211
- 빈곤에 대한 올바른 이해가 필요하다 · · · · · · · · · · · · · · · · · · · 214
- 기습 한파 속 노숙인의 일상을 좇다 · 217

- 노숙, 그리고 거리의 죽음에 대하여 221
- 치아사랑과 이웃사랑의 부부 치과의사 이야기 227
- '책 나누는 사람들' 과 공지영 특강 232
- 얼굴 없는 착한 네티즌들 '책 나누는 사람들' 237
- 노숙인인문학, 과연 어떤 변화를 만들어내고 있는 걸까? 243
- 눈물로 얼룩졌던 노숙인인문학 첫 졸업식 250
- 생명, 희망을 노래하다 254
- '빅 이슈' 창간의 이유 260

- 에필로그 263

인문학으로
희망을 만들어 가는 사람들

제1부

| 길
| 어머니의 이름으로, 가난한 엄마의 이름으로
| 책이 저를 살렸습니다
| 어느 수형자의 '엄마를 부탁해'
| 교도소에서 교수와 제자로 만난 초등학교 동창생
| 흔들리며 피는 꽃
| 억울하거나 혹은 후회하거나
| 짬뽕국물과 효자
| 어느 노숙인의 북리뷰, 〈동물농장〉을 읽고
| 편견의 벽에 갇힌 노숙인들
| 불황의 최전선에서 신음하는 어느 여성 노숙인
| 인문학의 힘으로 16년 만에 사랑을 고백하다

|길

　기차에서 내려 서둘러 택시를 잡았다. 난곡동 '낙골마을'로 가자는 말에 기사가 슬쩍 행색을 살피는 듯했다. 보라매공원을 지나 신림동으로 들어서자 도로가 현저히 좁아졌다. 한없이 이어지는 좁은 길에서 문득 서울이라는 도시의 넓이와 깊이를 생각했다. 현기증이 일었다. 약속 시간에 임박해 난곡동에 도착했지만 서둘러 건물로 들어서지는 않았다. 잠시 주변을 둘러보고 싶었다.

　'아, 여기가 서울달동네의 대명사 낙골마을이구나.'

　1960년대 후반 철거민들의 집단이주로 형성된 이 마을은 이름부터가 서늘한 느낌을 준다. 공동묘지에서 파헤친 흙 사이로 굴러다니는 인골과 자신들의 처지가 비슷하다는 철거민들의 자조가 뒤섞여 낙골落谷이라 부르게 되었다고 한다.
　90년대 말 재개발바람이 불면서 8평 남짓 낙골마을의 무허가 판자촌들이 번듯한 고층 아파트단지로 겉모양을 바꾸었다. 그러나 그 화려한 마천루의 이면에는 몇 푼의 이주비를 받고 근처의 지하셋방으로 삶의 자리를 옮길 수밖에 없었던 세입자들의 고단한 삶이 있다. 2002년 본격적인 철거가 시작된 이래 근처로 이주한 지역주민들의 생활, 주거, 교육에 대한 근심은 나날이 깊어지고 있을 뿐이다.

길게 내쉰 담배연기를 따라가던 시선에 멀리 언덕너머로 고층아파트 단지가 들어왔다. 산 밑으로 시선을 옮기자 넓고도 길게 이어지는 분지 지형이 롱테이크 화면으로 잡혔다. 바로 그곳에 판잣집들이 밀집해 있었다. 초라한 집들이 잇대어 한없이 이어지는 달동네 풍경을 바라보다 다시 현기증에 시달여야 했다.

좁은 골목 한 중간, 가랑이를 벌린 채 양쪽으로 늘어져 있는 은행나무와 그 주위를 둘러싼 집들이 서로 못마땅해 하면서도 딴엔 의지하고 있는 듯 보였다. 빛바랜 기와를 힘겹게 이고 있는 초라한 벽돌집들, 그 사이 겨울이면 여지없이 빙판으로 돌변할 비탈길이 가는 실눈을 뜨고 있었다. 쟁여놓은 물건보다 하품과 한숨을 먼저 팔고 있는 구멍가게 노파의 졸린 눈이 보였고, 그 앞을 오가는 아이들의 자전거와 왁자지껄 웃음소리가 아슬아슬하게 이어지고 있었다. 막걸리 한 통을 들고 비틀거리며 걷고 있는 취객의 일그러진 표정 속에 낙골마을의 전경이 오버랩 됐다.

대낮이었지만 사위가 흐렸다. 아니, 흐려 보였다. 그 흐릿한 시선의 끝자락에 여지없이 내 유년시절의 기억들이 달라붙어 있었다. 순간 도리질을 쳤다. 몇 차례의 도리질 끝에 용케 상념을 뿌리칠 핑계를 떠올렸다.

'이러고 있을 때가 아니지, 약속시간이 한참 지났는걸.'

성프란시스대학(노숙인을 위한 인문학강좌)의 김 간사가 소개한 관악일터나눔자활후견기관은 십여 년째 낙골마을에서 다양한 지역 활동을 펼치고 있는 단체였다. 1992년 병마에 시달리며 혼자 방치돼 있던 이웃을 발견한 것이 계기가 되어 소외된 이웃들의 곁이 되어주려는 의도로 낙골교회에서 시작한 일이 최초의 나눔운동이었다. 이어 1998년 일자리를 잃은 이웃들의 어려움을 나누기 위해 만들어진 일터나눔운동이 모태가 되어 오늘의 후견기관으로 거듭나게 되었다. 이후 협력체계를 구축한 교회와 기관은 가정결연사업, 장학사업, 자활근로사업, 자활공동체, 공부방 등 다양한 지역사업을 활발하게 전개하고 있다.

오늘 만나기로 한 사람은 후견기관의 실무자였다. 성프란시스대학을 벤치마킹해오던 기관에서 이곳의 주민들(수급자 및 차상위 계층)을 대상으로 인문학강좌를 개설하려는 계획을 세워놓고 나에게 문학 강의를 맡아달라는 제의를 해왔던 터였다.

학교 이름을 '관악인문대학'이라고 정했다고 소개했다. 강좌는 우선 철학과 문학부터 시작하고, 이어 역사와 예술 강의도 진행시킬 예정이라고 했다. 수강 인원은 23명. 대부분은 여성이며, 그중 10명 정도는 한부모 가정의 가장이라고 했다.

돌아오는 길, 첫 강의의 주제를 무엇으로 할 것인가를 놓고 고민을 거듭했다. 고리타분한 문학이론을 강의할 생각은 추호도 없었다. 우선 우리네 삶과 문학이 어떤 연관성을 가지고 있는지를 함께 이야기해볼 참이었다. 고민은 자연스럽게 질문으로 이어졌다. 사실 그 질문은 이전부터 마음속에 품고 있던 것이기도 했다.

'도대체 내가 무슨 자격으로 이들에게 문학 강의를 한단 말인가? 이들이 아무리 가난하고 배움이 짧은 사람들이라고는 하지만 나 같은 무자격 강사가 나설 일은 아니지 않은가?'

훌륭한 문학 강의를 할 사람은 차고 넘칠 것이다. 그러나 정작 삶의 문학, 각박한 현실 속에 오롯이 녹아있는 살아 숨 쉬는 문학을 가난한 사람들과 함께 읽고 함께 느끼고 나눌 사람은 그리 많지 않다는 게 성프란시스대학의 경험을 통해 확인한 사실이다. 작년 인문학 강좌를 설계했던 성프란시스대학 임영인 신부가 가장 애를 먹었던 부분이 바로 강의할 사람을 구하는 일이었다고 한다.

성프란시스대학에서 강의 제의를 받았을 때도 나는 선뜻 응하지 못하고 주저할 수밖에 없었다. 무엇보다 내 스스로 자격과 역량이 부족하다고 판단했기 때문이었다. 그러나 중요한 건 사회적 조건(학위, 경력)이 아니라 함께 하려는 의지와 노력이라는 신부님의 설득에 넘어가지 않을 도리가 없었다.

낙골마을을 벗어나며 새삼 생각해 본다. 내게 이런 제의가 들어오는 것, 그 자체로 소중한 일이라고. 그간 내 삶의 반영이기 때문이다. 지금까지의 내 인생길이 돈이나 명예를 좇는 것이었다면 이런 제의가 들어왔을 리 없다. 나는 적어도 환상을 좇는 삶을 살지 않았다.

자격 따지며 뒤로 뺄 일이 아니다. 함께 배운다는 자세로 진실한 마음으로 임한다면 세상에 못할 일이 없다. 어딘가 부족하고 어설프고 보잘것없는 내 경험과 생각을 주변의 이웃들과 함께 나누는 것, 그것이 바로 진정한 사람냄새, 삶의 향기를 좇는 일이 아닌가.

나는 다음 주와 그 다음 주, 장마와 무더위를 지나 찬바람이 불어 닥칠 때까지도 어김없이 이곳 낙골마을로 들어올 것이다. 그게 바로 내 인생의 길이며 나를 찾아나서는 마음의 여행이기 때문이다.

어머니의 이름으로,
가난한 엄마의 이름으로

관악인문대학에서 만난 두 어머니를 잊을 수 없다. 박말순(가명) 선생님과 김성희(가명) 선생님이다. 두 분 다 이혼한 뒤 한 부모 가정의 가장으로 살고 있는 가난한 여성들이다.

먼저, 김성희 선생님의 슬픈 이야기다.

어려서부터 너무 가난했다고 했다. 초등학교도 제대로 못 마친 채 무작정 상경했다고 했다. 처음 한 일이 남의 집 식모살이였다고 했다. 말이 식모지, 월급도 없이 겨우 밥만 얻어먹는 종살이에 가까웠다고 했다. 과제로 제출한 '나의 삶'이라는 제목의 글에 나오는 대목이었다.
김 선생님이 자신의 과거를 되돌아보는 글을 읽기 시작하자 여기저기서 훌쩍훌쩍 하는 소리가 들리기 시작했다. 글을 다 읽고 과제물을 내려놓았을 때 이미 교실은 눈물바다가 되고 말았다.
정작 슬프고 안타까운 얘기는 그 다음에 나왔다. 그냥 스치듯 한 얘기였는데, 이번에는 슬픔 대신 공분을 불러일으켰다. 이혼한 뒤 혼자 몸으로 세 자녀를 키우고 있다고 했다. 큰 애는 딸인데 어느새 철이 들어 자

기 앞가림을 스스로 하고 다닌다고 했다. 고등학교 2학년인데 벌써부터 아르바이트란 아르바이트는 안 해본 게 없다고 했다. 최근엔 주로 길거리에서 전단지 나눠주는 일을 하고 있다고 했다.

문제는 중학교에 다니는 둘째였다. 하루는 일거리가 없어 일찍이 집에 들어갔더니 중학생 아들이 학교에 가지 않고 집에 있더란다. 이유를 물어도 말을 않는 아이의 얼굴에서 상처를 발견한 뒤 추궁했단다. 아이들에게 집단따돌림을 당하고 있었던 거였다. 하도 화가 나고 속이 상해서 학교로 달려가 담임선생님께 그 같은 사실을 알렸다고 했다.

놀라운 건 담임의 무성의한 반응이었다. 순간 무시당하고 있다는 생각이 들어 너무나 서운하고 서러웠다고 했다. 집으로 돌아와서 아이를 무장 때리면서 대성통곡을 했다고 했다. 아버지도 없고, 엄마 혼자 키우느라 학원에 보낼 형편이 못 되고 직접 공부를 봐줄 수도 없으니 아이 성적이 좋을 리 없고, 그러니 또래 아이들도 무시하고 놀리고, 심지어는 담임도 무시하는 거라며 다시 설움에 복받친 듯 눈물을 글썽였다. 그때 누군가 외마디 비명을 질렀다. 아니, 비명이 아니라 욕이었다.

"저런 나쁜 담임새끼. 돈 있는 집 애였어 봐 그렇게 무시했겠나. 나쁜 새끼."

굳이 말리고 싶지 않았다. 덩달아 화가 난 나는 김 선생님께 아이가 다니는 학교와 학년, 반을 물었다. 울고 있는 김 선생에겐 이렇게 일러두었다.

"제가 전화해서 따져볼게요. 삼촌이라고 말하면서……."

박말순 선생님과 두 자녀 이야기다.

역시 자녀가 둘이 있다고 했다. 큰 애는 고등학생이고, 작은 애는 중학교에 다니고 있다고 했다. 두 아이 모두 전교에서 수위를 달리는 재원들이라고 했다. 큰 애는 웬만해선 들어가기 힘들다는 한성과학고등학교에 다니고 있고, 중학교에 다니는 작은애 역시 전교 1등을 놓치지 않는다고 했다.

놀라운 건 두 아이 모두 학원에 다니거나 과외 한 번 받은 적이 없다는 거다. 믿지 못하는 사람들이 많을 것이다. 그러나 박말순 선생님 얘기를 들어보면 믿고 싶지 않아도 믿을 수밖에 없을 거다. 남편 없이 두 아이를 키우는 박말순 선생님은 배운 게 없고, 특별한 기술도 없다. 겨우 할 수 있는 일이라곤 지역 자활지원센터에 참여해 조건부 수급을 받는 정도다. 조건부 수급이란 일정 시간의 근로를 조건으로 지자체에서 최저 생계비에도 못 미치는 돈을 받아 생활하는 걸 일컫는다.

박말순 선생님은 자활에서 지정한 병원이나 노인 환자들을 대상으로 간병을 한다고 했다. 그렇게 해서 한 달에 받는 돈은 고작 70만원 내외. 중·고등학교에 다니는 두 자녀를 둔 어머니가 한 달에 70만원을 벌어서 어떻게 생활할 수 있느냐고?

일반의 상식으론 이해하기 힘들 것이다. 그러나 내가 강의했던 관악일터나눔자활지원센터에는 그런 형편에 놓인 사람들이 수두룩하다. 물론 턱없이 모자라는 돈이다. 그래서다. 타고난 또순이인 박말순 선생님

은 간병활동을 하는 한편 저녁에는 길거리 행상 등 닥치는 대로 일을 해 왔다고 한다.

　그렇게 해서 여봐란 듯이 두 자녀를 키워냈던 것이다. 관악인문대학에서 강의를 들었던 선생님들 중 유독 박 선생님이 기억에 남게 된 이유가 따로 있다. 종강을 앞둔 어느 날이었다. 무슨 말 끝에 그동안 고마웠다는 말씀을 하시던 박 선생님이 난데없이 자신의 노트를 펼쳐 보이며 이렇게 말을 했다.

"교수님이 가르쳐 주시는 게 고맙고, 또 이렇게 공부할 수 있다는 게 얼마나 감사했던지 그동안 강의 시간에 했던 교수님 말씀을 하나도 빼놓지 않고 여기다 전부 적어놨어요."

　아뿔싸, 질문하고 대답하고, 함께 웃고 울고 떠들고, 때론 심각하게 토론하고, 때론 왁자지껄 수다를 떠느라 시간이 없었는데……. 대체 언제 그걸 죄다 적었을까.
　한편 두렵기도 했다. 그간 숱하게 말실수를 했음을 알고 있기 때문이었다. 아무려나 그제야 알 것 같았다. 시쳇말로 그 어머니에 그 아이들이었던 거였다. 저렇게 바지런하고 꼼꼼한 어머니와 함께 살고 있으니 학원 한번 못간 아이들이 전교 1등을 놓치지 않는 건 어쩌면 당연한 일이 아닐까.

책이 저를 살렸습니다

TV프로그램에 나온 한 사내가 천연덕스럽게 웃으며 말하고 있었다.

"책이 저를 살렸습니다."

그 말에 홀려 계속 TV화면을 응시했다. 카메라는 이어 사내의 일하는 모습, 사내가 살고 있다는 쪽방의 한 귀퉁이에 꽂혀 있는 책들을 비추어 주었다. 가난은 여전했지만 사내의 표정에선 희망의 빛이 발하고 있었다. 멍한 표정으로 TV화면을 응시하던 나는 문득 뭉클해졌고, 잠시 상념에 젖기도 했다. 사내는 성프란시스대학의 1기 졸업생이었다.

얼마 후 성프란시스대학 1기 졸업생동문회가 열린다는 소릴 듣고 서울역 근처 식당으로 나갔다. TV에 출연한 이후 스타가 돼버린 그 사내가 동료들과 인사를 나누고 있었다. 사내는 예의 넉넉한 웃음을 잃지 않은 채 내게도 악수를 청해왔다. 내 첫 인사 역시 "방송 잘 봤습니다."였다. 그가 수줍은 웃음으로 대답했다. "교수님까지 와 그라세요, 쑥스럽구로……."

1차 자리를 정리할 무렵, 총무가 회비를 걷기 시작했다. 습관적으로

지갑을 열어 지폐 한 장을 꺼내는 내게 뜻밖의 말이 돌아왔다. "교수님은 이제 술값 낼 필요 없습니다." 설마 싶어 뚱한 표정을 짓는 내게 이번엔 좀 거칠다싶은 말이 들려왔다.

"저희를 무시하지 마세요. 저희도 이젠 돈을 법니다. 여긴 우리가 책임진다, 이겁니다."

2차는 당구장이었다. 4,50대 남자들의 놀이란 대개 술을 마시거나 당구 한 게임, 혹은 앉아서 하는 것이 대부분이어서 강의를 하던 기간에도 더러 어울려 당구장을 드나들었던 기억이다. 물론 게임비는 대부분 내 주머니에서 나가야 했고 말이다.

그날은 게임비 역시 낼 필요가 없었다. 1차에 이어 당구장 게임비까지 선생님들이 알아서 해결하고 나섰기 때문이었다. 당구 한 게임을 친 후 귀갓길에 올랐다. 어느덧 열두시가 가까워진 시간이었다.

검은 밤하늘에서 빗방울이 쏟아지고 있었다. 우산을 쓸 생각도 없이 걸음을 재촉했다. 얼굴에 부딪는 빗방울이 시원했다. 몇 걸음 더 옮겼을 때 얼굴을 타고 흐르는 물줄기가 따스하게 느껴졌다. 빗방울과 함께 내 뜨거운 눈물이 볼 위를 흘러내리고 있었기 때문이었다. 말로 듣고, 글로 봤지만 실제로 흘려보기는 난생처음인 뜨거운 감동의 눈물이었다. 따뜻한 눈물을 흘렸기 때문이었을까. 그날 밤 비를 많이 맞았지만 감기도 몸살도 찾아오지 않았다.

처음 만났을 때만 해도 영양부실과 상실감에 찌들어 창백한 표정을 짓던 거리의 노숙자였던 분들이었다. 그랬던 분들이 일년 사이 구릿빛

노동자의 얼굴로 둔갑해 있었다. 그날 밤 나를 감동시켰던 건 회비 만원을 면제받은 일이나 당구 게임비를 면제받은 일이 아니라 그들의 구릿빛 얼굴색과 당당한 행동, 밝아진 표정이었다.

처음 강의제의를 받았을 때만 해도 주저하던 일이었다. 글쟁이를 자처했지만 변변한 저작이나 학위조차 없는 내가 무슨 자격으로 강의를 할까 싶어서였다. 그러나 임영인 신부의 강권과 함께 '클레멘트 코스'를 소개하는 영상물을 본 뒤 마음을 달리하게 되었다. 중요한 건 형식이나 조건이 아니라 의지와 신념이겠구나 하는 생각을 굳혔다.

클레멘트 코스는 1995년에 미국인 극작가 얼 쇼리스가 만든 가난한 사람들을 위한 인문학 과정이었다. 십년 후 그걸 벤치마킹해서 설립한 게 지금의 '성프란시스대학'이다. 얼 쇼리스의 정신을 실천적으로 수용해 보자는 성공회다시서기지원센터 임영인 소장(성공회 신부)의 열정과 신념에 의해 만들어진 성프란시스대학은 이 세상에서 가장 작고 아름다운 대학이다.

2005년 9월 거리의 노숙인과 다시서기쉼터를 이용하는 노숙인들, 쪽방촌 사람들을 대상으로 신청을 받고, 나름의 심사를 거쳐 21명의 노숙인들과 함께 첫 학기 강의를 시작했고, 이듬해 5월 처음으로 13명의 졸업생을 배출했으며, 2008년 현재 4기 강의가 진행 중에 있다.

얼 쇼리스의 클레멘트 코스와 성프란시스대학의 모토는 대동소이하다. 소외 계층을 대상으로 하는 인문학 강좌라는 점에서 그렇고, 절망에 빠진 노숙인들에게 힘과 용기를 주고 나아가 다시 서기를 시도할 수 있는 계기를 만들어주자는 취지도 그렇다. 굳이 차이가 있다면 소크라테

스의 교수법(문답법, 산파술)을 고수하는 클레멘트 코스와 달리 성프란시스대학의 강의는 좀 더 우리 실정에 맞게 달리 기획되고 있다는 점이다.

연전 번역 출간된 얼 쇼리스의 〈희망의 인문학〉에 소외계층을 위한 인문학 강의의 필요성과 당위성이 맞춤하게 정리돼 있기도 하다. 그동안 사회는 가난한 사람들에게 스스로 자립하기를 강요했을 뿐 자립할 수 있는 계기를 만들어주는 데는 인색했다. 고작 관심을 보인다는 게 몇 조각의 빵과 잠시 추위를 녹일 수 있는 임시방편적 잠자리를 제공하는 것, 한발 더 나간다는 게 단순한 기술을 연마할 수 있는 훈련 프로그램을 제공하는 정도였을 뿐이다.

그러나 사지 멀쩡한 사람들이 놀면서 구걸이나 일삼는다는 일반의 오해와 편견이 불식되지 않은 상태에서 일방적으로 제공되는 단순 지원과 인색한 관심으로는 절망의 나락에 빠진 그들을 구제할 수 없음이 주지의 사실이다.

그러한 문제의 핵심을 파고 든 게 바로 인문학이었다. 인문학은 결코 빵과 잠자리가 아니며 더구나 일자리를 제공하는 일과도 무관하다. 이제 대부분의 사람들은 '가난한 사람들을 위한 인문학 교육'이라는 콘셉트에 저마다 무릎을 치고 있다. 이유는 자명하다. 절망은 결코 물질의 문제가 아니며, 가난은 또한 개인의 운세에 기인하는 것이 아니며 자본주의의 모순에서 배태된 구조적 문제라는 걸 인문학 강좌가 비로소 환기시켰기 때문이다.

경제적 몰락은 곧 정신적 공황으로 이어지고 그 공황의 한복판으로 파고드는 것이 바로 알코올과 마약(미국의 경우), 도박과 범죄에의 유혹이다. 결국 가족이 해체되고, 가족의 해체는 필연적으로 삶의 의욕과 의지의 상실로 연결된다. 현재 거리 노숙인의 대부분이 신용불량과 주민등록말소 등의 구조이탈자들이며, 가족해체를 경험한 사람들이다.

노숙인들에게 우선 필요한 것은 삶의 동기를 회복하는 것이며, 이는 빵과 잠자리의 문제가 아니라 바로 인간으로서의 자존감, 실존적 가치를 인식하는 것에 다름 아니다. 여기서 인문학적 성찰의 필요가 제기된다.

성프란시스대학을 필두로 현재 소외계층 인문학 강좌를 개설·운영하는 곳은 여럿이다. 교도소에서도 인문학 강좌가 진행되고 있으며, 매매춘 여성을 위한 인문학, 경희대학교 실천인문학센터에서 운영하는 노숙인과 자활참여자와 교도소를 아우르는 인문학 코스, 시립대, 동국대, 성공회대, 계명대, 전남대, 전북대 등에서 운영하는 지역주민을 위한 인문학 등등.

이제 더이상 소외계층을 위한 인문학 교육의 필요성을 강조할 필요가 없을 정도다. 그만큼 다양화되었고 활성화되고 있기 때문이다.

어느 수형자의 '엄마를 부탁해'
- 인문학, 교도소에 가다(1)

"엄마를 잃어버린지 1주일째다."

이렇게 시작되는 신경숙의 〈엄마를 부탁해〉를 읽으면서 나는 잊어버리고 살았던 엄마라는 단어를 다시 되찾게 되었습니다. 언제부터인지 엄마란 말대신 어머니란 말을 쓰게 되면서 (아마 엄마보다 키가 커지면서인 것 같습니다.) 엄마란 단어를 잊게 된 것 같습니다. 마치 그게 성인이 된 징표인양, 어른이 된 훈장인 것처럼 그냥 엄마란 말 대신 어머니란 단어를 쓰게 되었습니다.

"엄마, 엄마, 엄마"

책을 읽으면서 엄마란 단어를 몇 번이나 되새겨 보았습니다. "엄마가 죄가 많다. 미안하다. 형철아"(110쪽) 이 구절을 읽으면서 아들에게 모든 것을 다 주시고도 "미안하다. 미안하다, 아들아 미안하다." 하시는 내 엄마를 생각하게 됩니다. 세상에서 가장 부끄러운 죄인의 모습으로 당신 앞에 서 있는 이 못난 아들을 버리지 않으시고 모든 걸 용서해 주시면서도 "내가, 내가 미안하다, 아들아. 내가 못나서 너를 이곳에서 나오게 해주지 못하는구나. 바꿀 수만 있다면 내가 그곳에 있고 너를 나오게 해주고 싶은데 엄마가 힘이 없구나"하시는 내 엄마. 책을 읽으면서 책 속의 엄마와 내 엄마가 왜 이리 오버랩 되는지, 엄마를 잃어버리고 그 엄마를 찾아다니면서 듣게 되는 엄마의 말들.

"그 발등은 얼마나 걷고 걸으셨는지 발등의 뼈가 보일 정도로 상해서 상처가 곪고 곪아서 냄새가 나고 파리가 꼬였다."(97쪽)

너무나 가슴 아픈 구절입니다. 왜 이리 가슴이 아픈지 모르겠습니다. 아니, 압니다. 내 엄마와 같은 모습이니까요. 나를 보러 오실 때마다 "오늘은 유난히 힘이 없구나"하시며 이리비척 저리비척 거리시며 면회실 문도 제대로 못 여시는 내 엄마, 내 엄마와 같은 모습이니까요.

결국은 엄마를 찾기를 바랐습니다. 엄마와 자식들이 예전 자식들의 어린 시절처럼 행복하게 지내기를 바랐습니다. 그러나 엄마는 훨훨 자유롭게 떠나가십니다. 새가 되어 딸의 모습을 지켜보시고(211쪽), 영혼이 되어 자신의 집을 돌아보십니다(237쪽). 압니다. 이 책의 엄마에겐 그것이 영원한 자유와 휴가라는 것을. 하지만 나는 기도해 봅니다.' 엄마, 내가 엄마 곁으로 돌아갈 때까지 어디 가지 말고 기다려. 내가 금방 엄마 찾으러 갈께.' 그리고 하나님께 기도해 봅니다.

'하나님……. 엄마를 부탁해.'

어느 수형자의 〈엄마를 부탁해〉 리뷰

교도소에서 교수와 제자로 만난 초등학교 동창생
- 인문학, 교도소에 가다(2)

네가 오기로 한 그 자리에 내가 미리 가 너를 기다리는 동안 다가오는 모든 발자국은 내 가슴에 쿵쿵거린다. 바스락거리는 나뭇잎 하나도 다 내게 온다.

기다려 본 적이 있는 사람은 안다 세상에서 기다리는 일처럼 가슴 애리는 일 있을까 네가 오기로 한 그 자리, 내가 미리 와 있는 이곳에서 문을 열고 들어오는 모든 사람이 너였다가 너였다가, 너일 것이었다가 다시 문이 닫힌다.

사랑하는 이여 오지 않는 너를 기다리며 마침내 나는 너에게 간다.

아주 먼 데서 나는 너에게 가고 아주 오랜 세월을 다하여 너는 지금 오고 있다 아주 먼 데서 지금도 천천히 오고 있는 너를 너를 기다리는 동안 나도 가고 있다 남들이 열고 들어오는 문을 통해 내 가슴에 쿵쿵거리는 모든 발자국 따라 너를 기다리는 동안 나는 너에게 가고 있다.

황지우 시 '너를 기다리는 동안' 전문

안양교도소 인문학 강좌에서 황지우의 시 '너를 기다리는 동안'을 함께 낭송할 생각이었다. 한글파일에 시를 옮긴 뒤 프린터로 뽑아 가방에

넣어 두길 일주일……. 그러나 더 이상 안양교도소에 갈 수 없었다.

　신종플루 때문이었다. 작은 딸이 의심증상을 앓는 바람에 의료원으로 병원으로 뛰어다니며 혼비백산한 끝에 교도소에 전화를 했더니, 거기도 사정이 마찬가지여서 외부인의 출입을 전면 통제하고 있다고 했다.

　그렇게 안양교도소 인문학 강의는 종강을 한 달 이상 남겨둔 채 막을 내리고 말았다. 아쉬운 점이 한 두 가지가 아니었지만, 그중 가장 아쉬웠던 건 더 이상 수강생들에게 시를 전달해주지 못하게 된 것이었다.

　황지우의 '너를 기다리는 동안' 역시 수강생들에게 전해주려 준비해두고 있던 시였다. 물론 개인적으로도 평소 즐겨 읽고 암송하는 시이기도 하고 말이다.

　특별히 이 시는 수강생 중 특정인에 대한 내 마음이 담긴 것이기도 했다. 오개월여를 강의하면서 단 한 번도 마음 편하게 개인적인 대화를 주고받은 적 없는 사이였다. 하지만 나도 그도 알고 있었다. 서로 간절하게 대화하고 싶어 한다는 걸 알고 있었다.

　그는 수강생 중에서도 유독 눈에 띄는 사람이었다. 소위 깍두기 스타일하며, 커다란 덩치하며, 누가 봐도 영락없는 조폭스타일이었다. 실제 알기로도 살인으로 십오년 형을 살고 사회에 나갔다가 다시 폭력으로 들어와 삼년째 복역 중인 사람이라 했다.

　깍두기 스타일이라느니, 살인이니 폭력이니 하는 말에 얼핏 선입견이나 거부감이 들지 모르겠다. 그러나 기실 그 친구는 더할 나위 없이 온순한 성격과 공부에 대한 집념이 대단한 학구파 수강생이었다. 특히 교도소 내에서 연마(?)한 글쓰기 솜씨가 빼어나 강의 시간이면 유독 자신의 글을 직접 발표할 기회를 자주 갖곤 했던 친구이기도 했다.

　슬며시 '수강생' 혹은 '그 사람'이라는 호칭에서 '친구'로 둔갑시켰다. 윗 문단에서부터다. 일관성이 없거나 글쓰기의 기본개념이 부족해서 그런 것이 아니다. 실제 그 친구는 나의 초등학교 동창생이었다.
　5월 1학기 강의를 시작해서 칠월 말까지 무려 삼개월을 강의하면서 단 한 차례도 서로 알은 체를 하지 않았다. 소위 티를 내지 않았던 것이었다. 그러나 알고 있었다. 그도 나도, 아니 친구도 나도.
　우린 가난한 동네였던 서울변두리 상계동에서 초등학교를 같이 다녔다. 친구와 내가 같은 해 초등학교를 졸업한 건 아니었다. 인문학 강의의 과제로 제출했던 친구의 글을 통해 알게 된 사실이지만, 그는 초등 4학년 무렵 장기 가출을 하는 바람에 1년 유급해 동창들보다 늦게 졸업장을 받게 되었다고 했다.
　그걸로 그 친구의 학창시절은 끝이었다. 연거푸 부모가 돌아가시자 학업을 중단한 채 형들과 함께 전망 없는 삶을 살게 되었다는 거였다. 청년기에 접어들 무렵 유달리 덩치가 컸던 친구는 자연스럽게(?) 건달들의 세계로 들어서게 되었다고 했다. 그 뒤 개념 없는 생활을 이어오던 끝에 놀음꾼을 향해 휘두른 야구방망이가 그만 머리 부분에 맞는 바람에 그렇게 첫번째 교도소 생활을 하게 되었다고 했다.

　신경숙의 〈엄마를 부탁해〉를 함께 읽은 뒤 어머니에 대한 글을 써내라는 과제를 내주었을 때, 그 친구가 써낸 과제 속에 담긴 이야기였다. 글에서 그 친구는 이렇게 말하고 있었다.

　"내겐 그리워할 어머니가 없다. 너무 어린 나이에 돌아가셔서 어머니에 대한 기억조차 희미하다. 그럼에도 불구하고 작가의 글 속에 담긴 어머니에 대한 그리움은 가슴에 와 닿았다. 한편 부럽고 한편 가슴이 애리는 슬픔을 느꼈다.

생각해 본다. 내게도 어머니가 있었더라면……. 이렇게 막 살지는 않았을 것이다. 지금 밖에는 나의 아내와 아이들이 있다. 어느새 나는 내 아이에게 아버지 없는 아이를 만들고 있는 것이다. 나가면 다시는 이곳에 들어오지 않을 것이다. 내 아이를 결코 아버지 없는 아이로 만들지 않을 것이다."

1학기가 끝나고 2학기 강의를 위해 다시 교도소를 찾았을 때 강의실에서 그의 모습이 보이지 않았다. 늘 앞자리 두 번째에 앉아 내 얘기를 경청하고 곧잘 질문도 던지고, 시도 제법 잘 외워서 나를 즐겁게 해주었던 그가 자리를 비우자 강의실이 텅 빈 것 같은 느낌이었다. 그의 빈자리는 의외로 내게 큰 상실감을 느끼게 했다. 결국 규정위반인 것을 알면서, 다른 수인들에게 그의 근황을 물어봤다.

대부분 침묵했다. 그곳 사람들 대부분 다른 사람에 대해 말하기를 극도로 꺼리는 습성이 있다는 걸 새삼 실감했다. 강의를 마치고 여러 차례의 철문들을 통과해 밖으로 나왔을 때 인솔 교도관이 슬쩍 그의 근황을 알려주었다. 징벌방에 들어갔다는 거였다. 그곳이 어디냐고 묻자. 그냥 교도소 내의 교도소라는 정도로만 알라는 대답이 돌아왔다. 다행인 건 곧 징벌이 풀려 다시 강의를 들을 수도 있을 거라는 귓뜸이었다.

시월 어느 날이었다. 첫 시간을 마치고 잠시 쉬는 시간이었다. 그 친구가 내게 다가와 말을 걸었다. 여기서 나가게 되면 연락하고 싶다는 거였

다. 물론 흔쾌히 그러라고 했고, 슬쩍 명함도 쥐어줬다.

잠시 망설였다. 내 망설임에 그가 멋쩍은 표정을 짓고 있었다. 다시 다가서서 낮은 목소리로 말했다. 혹시 교도관이 들을세라 눈치를 살피며 말했다.

"친구야, 반갑다. 우리 동창이잖아. 기다릴게 나오면 꼭 연락해라. 기다릴게. 기다리고 있을 테니까, 잊지 말고 거기 명함에 있는 번호로 연락해."

내 손을 잡고 있던 그의 손에 힘이 들어가고 있음을 느낄 수 있었다. 삼십여년 만에 만난 동창의 손을 놓치고 싶지 않다는 듯 그는 점점 더 세게 내 손을 잡은 손에 힘을 주고 있었다.

흔들리며 피는 꽃
- 인문학, 교도소에 가다(3)

2009년 한해 노숙인 쉼터의 강의를 모두 빼고, 안양교도소 한 곳에서만 강의했다. 빅이슈 창간 준비 등 여러 가지 일이 겹치면서 더 하고 싶어도 할 수 없는 상황이었다. 대신 한 군데 집중할 수 있어 좋았다. 교도소라는 공간의 특성상 처음엔 강의 분위기 만들기가 쉽지 않았다. 교도관 입회하에 진행되는 강의여서 여타 강의에서처럼 자유분방하고 활기찬 분위기가 조성되지 않았다. 웃긴 얘길 해도 잘 웃지 않았고, 심각한 얘길 하면 인상을 찌푸리는 등 어색한 상황이 연출되기도 했다. 특히 공지영의 〈우리들의 행복한 시간〉을 독회한 뒤 벌인 '사형제도'에 관한 토론에서는 종내 험악한 분위기가 연출되기도 했다. 일테면 이런 것이 아니었을까 싶었다.

"네 따위가 뭘 안다고 나불대느냐."

이래저래 조심스러웠고, 때론 겁이 나기도 했다. 그러나 어차피 계속 해야 할 바엔 스스로 극복하고 대안을 마련할 필요가 있었다. 그래서 시도한 게 매주 시 암송 시간을 갖는 것이었다. 일주일에 두 세 편의 시를

복사해서 나눠주고 함께 낭독한다. 좀 익숙해졌다 싶으면 개인별로 낭독의 기회를 주는 식으로 차분한 분위기를 만들려 애썼다.

"마음속에 시 하나 씩을 들여놓으십시오. 마음이 허할 때, 한밤중에 외롭고 고독해서 잠이 오지 않을 때, 연인이나 가족이 보고 싶어서 눈물이 나오려고 할 때, 그때 마음속에 담아두었던 시를 꺼내서 조용히 암송하십시오. 본디 시란 그런 것입니다. 어린시절 자랑처럼 외우거나 읊조리던 시 한 편씩은 있었을 겁니다. 그러나 지금 이곳에서 만나는 시는 자랑이나 낭만이 아닙니다. 답답하고 고독한 마음을 달래기 위한 마음의 치료제입니다. 본디 시란 그런 것입니다. 못 믿겠다 외면하지 마시고, 한번 실천해 보십시오. 여기 시들이 있습니다. 다음 주에도 나눠드릴 겁니다. 전부 외울 필요는 없습니다. 그중 마음에 담아두고 싶은 것 하나씩만 골라 고이고이 간직해 두었다가 슬며시 꺼내서 읊조려 보십시오. 본디 시란 그런 것입니다."

그렇게 매주 한 두 편의 시를 교도소 안으로 퍼다 날랐다. 들어갈 땐 가방에 담겨있던 시들이 나올 땐 수인들의 가슴 속으로 틈입해 들어갔다. 그렇게 매주 강의를 시작할 때, 혹은 강의가 끝날 무렵 시를 낭독하면서 마음을 주고받았다.

소개한 시들의 면면은 이런 것들이다. 서정윤의 '홀로서기', 한용운의 '님의 침묵', 박인환의 '목마와 숙녀', 정호승의 '내가 사랑하는 사람', 도종환의 '흔들리며 피는 꽃', 신경림의 '갈대', 류시화의 '외눈박이 물고기의 사랑', '구름은 비를 데리고' 등등.

내가 개인적으로 가장 좋아하는 시는 정호승의 '내가 사랑하는 사람'이었다. 그러나 수인들의 마음을 울린 시는 따로 있었다. 도종환의 '흔들리며 피는 꽃' 이었다. 굳이 이유를 물어보진 않았다. 대신 교도소에서 내려오며 조용히 그 시를 읊어 보곤 했다. 물어보지 않아도 그 마음을 알 수 있었다.

흔들리며 피는 꽃

흔들리지 않고 피는 꽃이 어디 있으랴
이 세상 그 어떤 아름다운 꽃들도
다 흔들리면서 피었나니
흔들리면서 줄기를 곧게 세웠나니
흔들리지 않고 가는 사랑이 어디 있으랴
젖지 않고 피는 꽃이 어디 있으랴
이 세상 그 어떤 빛나는 꽃들도
다 젖으며 젖으며 피었나니
바람과 비에 젖으며 꽃잎 따뜻하게 피웠나니
젖지 않고 가는 삶이 어디 있으랴

도종환

억울하거나 혹은 후회하거나
- 노숙인의 현실인식

지난 1, 2기 때와 마찬가지로 역시 3주차부터가 힘들었다. 과제 때문일게다. 말이 과제지 내용은 실상 삶의 이야기를 나누는 것이라 할 수 있다. 그러니 말하는 사람이나 듣는 사람이나 마음이 무겁고 힘들어지긴 마찬가지일 테고 함부로 평가하거나 토를 달 수도 없는 일이다. 제출된 과제 중에 눈에 띄는 게 있어 잠시 소개한다.

"IMF가 터지기 전 아파트 형틀목수 보조로도 일해보고 신문배달도 해보고 했지만 육체적 고생이 너무나 싫었고, 마음안의 세계를 빼앗긴다는 것이 너무나도 괴로웠다. 내가 항상 꿈꾸던 소망, 지금도 그것들을 내 안에서 진화시켜 나가고 있지만 20대 때 내 자신을 너무나도 몰랐다.

나도 잘나가는 남들처럼 살 수 있을거라 오해하고 살았던 시절이었다. 온갖 고생을 하고 밑바닥 삶을 부대껴서 몸과 마음이 만신창이가 되고 난후 느낀 건 모든 잘못은 나한테 있다는 것이었다. (중략) 내 부모를 비롯해 돈을 벌기 위해 같이 부대꼈던 사람들. 그 진저리나는 잔소리가 더욱더 마법 같은 힘을 불어넣어 주었다.

지금 시간이 6시 45분, 피시방 요금이 1400원, 전 재산 2000원······.

시간과 현실의 압박이 나를 불안하게 한다. 짧게 줄여야 한다.(중략) 내가 무슨 인생을 잘못 살아왔는가?"

글 전체를 보지 않고는 도대체 무슨 말을 하고 있는 건지 이해되지 않을 것이다. 그럼에도 불구하고 굳이 이 글을 토막 내 소개하는 데는 그럴 만한 이유가 있다. 내가 접했던 많은 노숙인들의 생각을 대변하는 글이라 생각되기 때문이다. 현실에 대한 노숙인 선생님들의 생각은 크게 둘로 나뉜다.

하나는, 지난날은 무조건 후회스러울 뿐이니 이제부터라도 반성하면서 살자는 분. 다른 하나는, 난 그저 주어진 대로 열심히 살았을 뿐인데 내가 왜 이렇게 비참해져야 하는 건지 모르겠다며 불만을 토로하는 분.

윗글은 후자 쪽의 생각을 가진 선생님의 글이라 할 수 있다. 그러고 보면 나는 참으로 중요한 일을 맡고 있는 셈이다. 새삼 부담스럽기도 하다. 앞서 글을 쓴 선생님이 왜 그렇게 열심히 살았는데도 불구하고 비참한 현실에 놓이게 되었는지를 설명하기 위해선 우리 사회의 구조적 모순을 들먹이지 않을 수 없다. 그런데 그 구조적 모순이라는 걸 어느 한쪽으로 치우치지 않게 설명하기가 쉽지 않다는 거다. 쉽지 않은 게 아니라 불가능에 가까운 일이라고 보는 게 맞을 듯하다. 새삼 부담스럽고 조심스럽다. 더욱이 이런 분의 글을 접하게 되면 그저 답답하기만 할 뿐 어떤 말도 할 수가 없다.

"18평짜리 전셋집에서 착한 딸과 살고 있었습니다. 어느 날 아내가 달라지기 시작했습니다. 그런 와중에 현장에 있는 인부가 다치는 사고가

났고, 인테리어 가게도 접어야 했습니다. 아내가 이혼을 요구했습니다. 산에 올라 죽기로 결심했지만 목에 닿는 밧줄의 까칠한 감촉이 어찌나 소름 끼치던지. 죽을 용기도 없는 바보라고 스스로 자책하며 몇 날 며칠 술로 보냈습니다. 그러다 쓰러졌는데 깨어보니 파출소, 부랑자 수용소, 그렇게 5년을 보냈습니다. 이제 다시 시작해 보려 합니다. 딸아이를 생각해서라도……."

이런 글을 그대로 공개하는 건 여러 가지로 쉽지 않은 일이다. 그래서 내 나름대로 줄이고 고쳤다. 대체 내가 그 분에게 어떤 말을 했어야 했을까.

짬뽕국물과 효자

한파가 몰아치던 2009년 12월 30일, 서울역광장에선 거리에서 죽어 간 노숙인들을 위한 추모제가 열리고 있었다. 뒤늦게 도착해 추모제 한편에서 행사를 바라보고 있었다. 그때였다. 반가운 얼굴이 보였다. 성프란시스대학 2기 졸업생이자 안산 '우리치과'에서 치과 치료를 받게 해달라고 부탁했던 이 모 씨였다.

안부를 묻자 대뜸 '동자동사랑방' 대표와 함께 살고 있다고 했다. 어머니는 어떠시냐고 묻자 고개를 숙인다. 순간, 이 씨의 한쪽 어깨를 끌어당겼다.

그러고 보니 1년 만에 만난 셈이었다. 재작년 추모제 때 만나고 처음이니 말이다. 그동안 왜 연락 안 했냐고 묻자 면목이 없어서 그랬다는 엉뚱한 대답이 나온다. 그러나 안다. 내 사정이 여의치 않은 걸 알고 부러 연락을 안 하고 있었다는 걸. 식사라도 같이 하고 싶었지만 다음 일정 때문에 그러질 못했다. 이 씨와 헤어진 뒤 돌아오는 기차에서 지난 일들을 떠올렸다.

이 씨를 만난 건 성프란시스대학에서였다. 2006년 2기생으로 입학

했던 그는 이가 부실하고 전체적으로 마른 체형이었지만 생김생김이나 느낌은 그다지 추레한 느낌은 아니었다. 오히려 부잣집 아들 같은 번듯한 외양에 희끈한 피부를 가진 분이었다. 아니나 다를까, 이 씨에겐 남다른 이력이 있었다. 오랫동안 대한항공 승무원으로 근무했던 것. 응당 해외여행도 숱하게 했을 테고, 그런 탓에 세상물정에도 밝은 편이었다. 용모처럼 필체도 훌륭했다. 볼 때마다 어쩌다 저 지경이 됐을까 되뇌게 했던 기억이다.

 이듬해 성프란시스대학을 졸업한 이 씨는 곧바로 방송통신대학에 진학했다. 인문학 과정에 이어 학업을 계속하기로 마음먹었던 것이었다. 어려운 처지에 대학공부를 한다는 게 언론의 흥미를 끌기도 했다. 임영인 신부 등은 언론과의 인터뷰 때마다 이 씨 대학진학 얘기를 언급하곤 했다. 졸업생 중 대학 진학자가 나왔다는 것 자체가 성프란시스대학을 홍보하기에 적절한 얘깃거리였던 것이다. 그랬던 이 씨가 다시 노숙인 생활을 하게 된 데는 그럴만한 특별한 사연이 있을 터였다.

 이 씨의 방통대 진학이 언론의 관심을 끌고 화제가 되자 당시 학장이자 다시서기 지원센터의 소장이던 임영인 신부는 이후 이 씨의 방통대 학비를 책임지겠다고 약속해 주었다. 이 씨로선 용기백배할 일이었다. 그러나 언론의 관심이 사그라진 뒤 그 약속은 지켜지지 않았다.

 당시 그는 치매에 걸린 어머니를 모시고 있었다. 낮엔 서울시에서 마련해준 관광안내원 일을 하면서 견실하게 생활하고 있었다. 비교적 전문지식이 필요한 관광안내원 일을 할 수 있었던 건 그의 이력 덕분이었다.

 학업을 이어갈 수 없게 된 이 씨는 다시 성프란시스대학의 문을 두드렸다. 졸업은 했지만 다시 인문학 강좌에 참여하고 싶다는 거였다. 사정을 딱하게 여긴 나와 몇몇 교수들의 배려로 그는 다시 성프란시스대학의 3기 과정에 편입(?)하게 되었다. 성프란시스대학을 연거푸 2회씩이나 수강하는 진기록을 남기게 된 것이다.

 이 씨가 기억 속에 선명하게 남게 된 계기는 연거푸 2기 동안 반복 수강한 탓도 있겠지만, 결정적인 이유가 있었다. 그 일은 도저히 잊을 수 없는 안타깝고도 가슴 찡한 일이었다.

 한번은 강의를 끝낸 뒤 수강생들과 함께 중화요리집에 모인 적이 있었다. 내가 한 턱 내겠다고 호언했던 것이었다. 요리를 시킬 형편까진 아니어서 개개인 짜장과 짬뽕 중 하나를 택일하게 한 뒤 테이블 마다 탕수육 하나씩을 주문했다. 물론 소주잔도 몇 순배 씩 돌았다.

 부족했지만 저마다 포만감을 느끼는 표정이었고 발그레한 혈색으로 자리에서 일어서고 있을 때였다. 이 씨가 자리에 앉은 채 식당 주인을 불러 세우고 있었다. 요는 자신이 먹은 것과 옆 사람이 먹은 것까지 합쳐서 짬뽕 국물을 싸달라는 것이었다. 계산대에 서서 그 모습을 보며 갸우뚱했다. 아니, 다 식어빠진 짬뽕국물을 뭐한다고 싸달라는 걸까.

 짬뽕국물이 담긴 비닐봉지를 들고 서있는 이 씨에게 다가가 조용히 물어봤다. 배가 안 찼으면 짬뽕 한 그릇을 더 드시라는 말과 함께. 돌아온 대답이 충격적이었다. 집에 계신 어머니를 드리려고 싸간다는 것이었다.

순간 멍해졌다. 세상에 어머니에게 먹다 남은 짬뽕국물을……. 부랴부랴 식당 주인에게 짬뽕 하나를 새로 만들어 포장해 달라고 주문했지만 이 씨는 손사래를 치며 말렸다. 하는 말이 이랬다.

"어차피 사람이 먹던 음식인데 뭐가 어때요. 집에 가서 따뜻하게 데워서 밥을 말아 드시게 하려는 것이니 너무 이상하게 생각하지 말아요."

나중에 안 사실이 하나 더 있었다. 이 씨의 어머니는 팔순이 넘은 고령인 데다 치매까지 걸린 상태라는 거였다. 이 씨 자신도 몸이 성치 않았지만 거동이 불편한 어머니 탓에 오래 근무하는 일은 하지 못했고, 겨우 아르바이트 정도만 하면서 버티고 있다고 했다. 와중에 인문학 강의를 들을 수 있어서 얼마나 행복한지 모르겠다는 말을 덧붙이면서…….

그런 이 씨를 딱 1년 만에 만나게 된 것이었다. 다른 건 몰라도 거리에서 죽어간 불쌍한 사람들의 영혼을 달래주는 합동 추모제만큼은 챙기겠다는 마음인 듯하다. 해마다 나오고 있으니 말이다.

지난 30일에야 이 씨의 어머니가 돌아가셨다는 얘길 들을 수 있었다. 짐을 덜었으려니 싶었지만 살던 집도 없애버리고 빈곤 활동을 하고 있는 동자동사랑방 대표와 함께 살고 있다니 갸우뚱해졌다. 말 못할 사연이 있을 게 분명했다. 어머니가 돌아가시자마자 빚쟁이들이 몰려와 방 보증금을 빼앗아갔을지 모른다. 결코 자신을 위해 쓰지는 못했을 게 분명해 보인다. 여전히 이 씨의 치아 상태는 부실하기 짝이 없었다.
 휴대폰이 없는 이 씨에게 연락할 방법은 마땅치 않다. 대부분의 노숙인들이 그런 형편이다. 이 씨는 지금 동자동사랑방 엄 대표와 함께 지내고 한다. 그를 통해 연통을 놓으면 될 터이니 다행이다.
 조만간 이 씨를 만나볼 생각이다. 이번에도 짬뽕 한 그릇 씩 시켜놓고 소주잔을 기울일 생각이다. 어쩜 이 씨는 짬뽕국물을 들이키며 하늘나라로 올라가신 어머니를 떠올리며 눈물을 흘릴지 모를 일이다.

어느 노숙인의 북리뷰, 〈동물농장〉을 읽고

지난주 강의를 끝내고서는 새삼 이 일을 시작하길 잘 했다는 생각이 들었다. 강의 후 내게 고마움을 표하는 선생님들의 표정과 그 속에 담겨있던 애정 어린 눈망울은 쉽게 잊을 수 없다. 특별히 강의가 좋았던 건 아니었다. 그 보다는 선생님들 스스로 고무된 듯 했다. 이유가 있었다. 3기 들어 처음으로, 제출된 과제물을 함께 검토하는 시간을 가졌기 때문이었다. 처음엔 꽤 부끄러워하고 민망해 하는 표정들이었지만 이내 내 마음을 읽은 것 같았다. '그래 아직 문장력은 서툴고 부족하지만 적어도 진심을 담아 쓴 글이긴 하잖아. 최 교수 표현대로라면 그게 바로 좋은 글이라니 부끄러워할 것 뭐 있겠어······.'

제출된 과제물을 읽기 시작했다. 각자 자기 글을 읽도록 할 수도 있었지만 첫 과제 감평인만큼 전달력을 높이기 위해 목소리 좋은 내가 읽기로 했다. 그렇게 두 시간의 강의는 즐겁고 흥분된 분위기 속에서 진행되었다.

지난주에도 어김없이 손님이 있었다. 사회복지 과목 실습을 나온 의사 한 분과 간호사 한 분이 뒤에서 조용히 내 강의와 선생님들의 과제를 감상했다. 줄곧 진지한 표정이었고 어느 대목에선 같이 웃고 같이 슬픈 표정을 지으면서……. 여기서 과제 하나를 소개한다. 완성된 글을 보고 나도 깜짝 놀라지 않을 수 없었다. 가슴을 울리는 글, 정말이지 감동 그 자체였다. 그래, 곧바로 그 선생님에게 동의를 구했다. 선생님의 글을 인터넷에 올려도 되겠느냐고. 그 선생님은 흔쾌히 동의해 주었을 뿐 아니라 집에 가서 다시 정성스레 워드로 쳐서 내게 이메일로 보내왔다. 다음은 바로 그 선생님이 제출한 〈동물농장〉에 대한 감상문이다.

조지오웰의 〈동물농장〉을 읽고 현 시대에 느끼는 점
성프란시스대학 인문학 3기 강동수

힘 있는 배경, 학벌, 권력, 재력이 없어도 오늘날 우리는 자신의 이상, 자유를 찾는 데는 아무런 문제가 없다. 소설가 카뮈는 '자유란 국가나 권력자가 주는 선물이 아니라 각자가 노력해서 날마다 새롭게 쟁취하는 것이다.' 라고 말했다. 조지 오웰이 이 〈동물농장〉을 집필할 당시의 상황은 스탈린 체제하의 프롤레타리아트(무산계급)의 인권, 표현, 자아실현의 자유가 자리 잡을 수 없는 빙하기 같은 시대였다. 우리나라 과거사 또한 동물농장의 상황과 흡사하다. 자유당 시절의 4.19 혁명이나 신군부세력의 등장과 함께 이어 터진 5.18 광주민중항쟁, 그리고 영화로도 만들어진 전태일 사건 등등……. 독재에 대한 민중의 봉기였다. 내가 어렸을 때 그리고 사춘기 시절 가정과 학교생활 또한 이런 사회적 분위기와 다르지 않았다. 자신의 의사와 자아실현은 안중에도 없는 먹고 자고 싸고 기성세대가 강요하는 교훈과 모범생의

삶, 입시 위주의 획일적인 교육……. 우매하게 '내가 더 열심히 하자'를 모토로 삼다 결국 폐마업자에게 팔려가는 복서와 같은 어리석은 삶을 살았던 것이다. 성인이 되고 사회생활을 하면서부터 이전의 복서와 같은 가치관이 사회의 시스템, 권력의 시스템을 인식하는 벤자민적 삶으로 조금씩 바뀌어갔다. 그리고 20대를 거쳐 30대 중반에 이르기까지의 많은 경험들을 통해, 권력은 점점 더 미화되고 보이지 않는 영역에서 여전히 우매한 대중들을 착취한다는 걸 깨닫게 되었다. 그리고 서두에 인용한 카뮈의 말처럼 주름살이 늘어갈 때마다 바뀌는 정권에 변화를 기대하기보다 내 스스로의 정신적 각성을 통한 생활의 변화가 필요하다고 느꼈다. 첫머리에 오늘날 우리는 자신의 이상, 자유를 찾는 데는 아무런 문제가 없다고 말했다. 어떤 이는 이에 대해 뜬구름 잡는 소리라고 할지도 모른다. 솔직히 나 자신도 지금껏 비현실적으로 살아온 몽상가적인 부분을 인정한다. 하지만 언제까지나 내 이상이 몽상에 그치리라고는 보지 않는다. 내가 밑바닥 삶을 몇 개월간 살아보면서 느낀 건 대다수의 서민층이 자궁안 태아처럼 수동적인 삶을 살고 있다는 것이었다.

  자궁이라는 협소한 공간에서 나가 새로운 것을, 생소한 것을 받아들이는 것을 기피하며 오로지 탯줄을 통해 들어오는 한정되고 조작될 가능성이 다분한 것들로 자신의 내면을 영적 기아 또는 사망상태로 몰고 간다는 것이다. 내년이 되면 임금이 올라가겠지……. 사과나무에서 사과가 떨어지기만을 바라고 있다. 현시대는 〈동물농장〉의 스탈린 시대 집단 농장처럼 살벌한 통제와 숙청이 있는 시대는 분명히 아니다. 그러나 물질적 풍요 속에 부익부 빈익빈, 상대적 빈곤감과 박

탈감은 앞으로 더욱 심해질 것이다. 또한 오늘날의 프롤레타리아트, 극빈층이 미성숙의 아기처럼 수동적 입장에 머물러 있다면 시대는 앞으로도 색다른 방법으로 은밀한 착취를 할 것이다.

모든 건 나부터 시작되고 나의 가정부터 시작된다는 소박한 진리를 모르고 외부에서 기적과 개혁이 일어나기를 바란다면 돌아오는 건 더 커지는 좌절감과 슬픔밖에 없을 것이다. 좀 암울한 얘기지만 지금 이 시간에도 끊임없이 생산되는 영혼이 없는 지식인층과 엘리트계층에겐 희망이 없는 것 같다. 신약 성경에 보면 그 당시 엘리트 계층이라고 할 수 있는 관원 니고데모가 영적과 정신적인 거듭남에 대해 얘기하는 예수님의 말에 생뚱맞은 질문을 한다.

"사람이 늙으면 어떻게 날 수 있삽나이까, 두 번째 모태에 들어갔다가 날 수 있삽나이까?"

오늘날이라고 틀릴 것 같은가? 어렵고 난해한 말들로 지적 유희를 즐기는 엘리트계층을 너무 대단하게 보지 말아야 한다. 오늘날의 복서가 되지 않기 위해선 자신의 잠재능력을 깨닫고 그것을 끌어낼 수 있는 자기 개발에 게을러서는 안 될 것이다. 또 가정이라는 작은 국가를 이끌어감에 있어서도 내 이상으로 자녀들을 복종시키는 게 아닌 자녀의 능력을 끌어내고 이해해 줄 수 있는 부모가 되어야 할 것이다. 요즘 젊은 세대들을 보면 걱정이 많이 된다. 물질적 풍요의 시대에 정신은 사망상태에 빠진 경우가 많기 때문이다. 유행하는 패션이 젊은 층 사이에선 권력이 되고 기업들은 외면적인 아름다움과 기능만을 추구해 우매한 소비자 우매한 대중이 되기 쉽다.

명예와 가식 외식만을 추구하며 정작 진실은 없는 엘리트계층이 맞는 것도 아니다. 그렇다고 사람이 정직하면 되지 꾸밀 필요가 뭐가 있냐는 식의 하류계층도 맞는 게 아니다.

우리 개개인 하나하나가 사색과 성찰을 통해 알에서 깨어나는, 영적인 생명을 탄생시키는 산모의 고통을 느끼고 그 입장이 된다면 자신과 다른 세계에 사는 듯한 서로를 이해하고 교류해 준다면 끊임없이 순환되는 인생사의 악순환의 고리를 언젠가는 끊을 수 있을지도 모른다는 희망을 품고 오늘 하루를 최선을 다해 살아본다.

편견의 벽에 갇힌 노숙인들

- 단골식당에서 신발도둑으로 몰리다.

성프란시스대학의 강의는 모든 과목이 크게 두 가지 구성요소로 이루어져 있다. 구성요소라고 하니까, 뭐 대단히 고급스런 콘텐츠들인가 싶겠지만 실은 아주 단순한 얘기이다. 아무튼 성프란시스대학 강의는 '수업'과 수업 후 '함께 식사하기'로 이루어져 있다. 물론 중요한 건 수업이지만 수강생들 입장에서는 식사 시간을 더 중요하게 여길 때도 있다. 수강생들 대부분이 늘 배가 고픈 상태에 있는 분들이기 때문이다. 물론 교수도 마찬가지고.

어떤 때는 강의 시작과 동시에 엉뚱한 질문이 나오는 경우도 있다. "교수님, 오늘 메뉴는 뭔가요?" 그럼 난 이런 식으로 대답한다. "예, 오늘의 메뉴는 과제 평가입니다." 별반 웃을 일도 아니지만 이런 대화가 오가고 나면 강의 분위기는 한결 부드러워진다.

별도의 강의실을 마련하지 못했던 1기 시절(다시서기 지원센터 내에 강의 공간을 마련한 건 2기 때부터다), 광화문에 있는 대한성공회 서울교구 대성당의 세미나실을 빌려 강의를 진행하고 있었다. 대성당의 세미나실이니 시설이야 나무랄 데 없었지만 아쉬운 것도 있었다. 강의시간 외에 사용이 곤란하다는 것, 그래서 연장 강의를 못한다는

것, 또한 자치활동의 기회를 만들지 못한다는 것, 우리 강의실이라는 인식의 결핍으로 인해 공간에 대한 애착이 생기지 않는다는 것 등등.

뭐니 뭐니 해도 가장 아쉬웠던 건 성당이 도심 중에서도 도심인 광화문 한복판에 위치한지라 이십 여명의 수강생들이 편안하게 자리 잡고 앉아 식사할 만한 식당 고르기가 힘들다는 것이었다. 돈만 많다면야 광화문 아니라 맨해튼 한복판에선들 식당이 없을까마는, 실무자 김자옥 간사에겐 늘 빡빡한 예산으로 여러 사람의 입맛을 맞춰야 하는 어려움이 있었던 것이었다.

김 간사가 주변을 샅샅이 뒤진 끝에 발견한 곳은 동화면세점 뒤편 골목 안쪽에 있는 한식 전문식당이었다. 이십 여명이 따로 앉아 식사할 수 있는 공간이 있는데다 가격도 그 일대 식당 중 가장 저렴한 편이었고, 특히 김치찌개와 순두부찌개의 맛이 괜찮아서 안성맞춤인 식당이었다.

문제의 사건은 그 식당에서 밥을 대놓고 먹은 지 두 달 정도 지났을 때, 그러니까 1학기 강의가 막바지에 이르렀을 즈음에 연속적으로 터져 나왔다. 두 사람이 문제를 일으켰다. 주된 메뉴가 김치찌개와 순두부여서 대학의 실무자 김자옥 간사는 보통 각각 10개씩을 주문하곤 했다. 그러면 각자 기호에 맞게 김치찌개나 순두부가 놓인 자리고 가서 먹으면 되는 것이다.

그날은 수강생 한 분이 강의실에서 미적대느라 식당에 늦게 도착했는데 하필 그 분이 즐겨먹는 김치찌개 쪽에 사람이 몰려서 남은 게 순두부밖에 없었다. 할 수 없이 순두부를 앞에 놓은 그 분은 미적미적 수저를 드는 둥 마는 둥 하다가 마침내 폭발하고 말았다.

"난 순두부 안 먹어. 김치찌개 가져오란 말이야!"

홀이 꽤 넓은 식당이었고 마침 저녁시간이어서 손님들이 많았는데 40대 중반이 넘은 어른이 난데없이 김치찌개를 달라고 땡깡을 부리는 모습이라니. 그 일을 계기로 우리를 대하는 식당주인의 태도가 변하기 시작했다. 어쩌면 우리의 정체(?)를 알아차렸는지 모를 일이었다.

정작 심각한 문제가 터진 건 그 다음 주 식사 때였다. 식사를 마치고 나가던 수강생 한 분이 식당 주인과 실랑이를 벌이고 있는 게 아닌가. 거두절미하고 뜯어말려야겠다 싶어 달려가서 둘 사이에 끼어들었는데 마침 식당주인의 하는 말이 귀에 들어오는 게 아닌가.

"너희가 아니면 누가 그랬겠어? 노숙자 놈들이니까 남의 신발을 훔쳐가지. 이런 순 도둑놈의 새끼들 같으니라고."

질세라 소리를 지르던 수강생이 식당주인을 물어뜯을 듯이 달려들었다.

"이 사람이 지금 누굴 붙잡고 누명을 씌워? 당신이 봤어? 우리가 신발 가져가는 거? 참나, 사람 되게 무시하네. 이렇게 멀쩡한 내 신발 놔두고 왜 남의 신발을 신고 가겠냐고 이 사람아⋯⋯ 생사람 잡지 마!"

말리려던 팔에 힘이 빠졌다. 아니, 내가 대신이라도 주인에게 달라붙어 한바탕 붙고 싶은 심정이었다. 세상에 증거도 없이 덮어놓고 우

리 중 누군가가 손님 신발을 가져갔을 것이라니……. 그게 바로 세상 인심이요, 노숙인에 대한 편견의 실체였다.

단골인 우리를 신발도둑으로 몬 식당 주인

노숙인들이 가장 억울해 하는 게 바로 그 부분이다. 자기들은 딱히 잘못한 게 없는데도 사람들이 무조건 나쁘게만 본다는 것이다. 그런 일을 당한 건 한 두 번이 아니었을 것이어서 이젠 별로 신경 쓰이지도 않는다고 한다. 그날 유독 화가 났던 건 교수인 나까지 억울한 누명을 쓰게 된 것 같아서 참을 수 없었다고 한다. 웃어야 하나 울어야 하나.

수강생들의 얘기를 듣다 보면, 각자 다른 입장이고 다른 처지이면서도 공통적으로 느끼는 것이 있음을 발견할 때가 많다. 가장 견디기 힘들어하는 건 경제적 고통이나 한 겨울 추위가 아니라 자신들을 대하는 사람들의 냉소와 차가운 시선이라는 대목에서 특히 그랬다. 사람들의 차가운 시선을 받게 되면 새삼 더 비참해져서, 일이고 뭐고 다 때려치우고 싶고, 세상에 대한 원망과 복수심만 키우게 된다고도 했다. 안 그래도 힘든 데 가만 놔두지 않고 왜 자꾸 흔들어대느냐는 거였다.

'인문학'이 뭔지는 모르겠지만 세상 사람들이 자신들의 이야기에 귀를 기울여주겠다는 뜻이 아닐까 싶어 수강신청을 하게 되었다는 분도 있었다. 정작 그런지는 모르겠지만 최소한 나라도 그 역할을 하겠노라고 수차례 다짐하곤 했다.

생각해보면 노숙인에 대한 우리 사회의 시선은 한 겨울 추위 이상으로 차갑다. 성프란시스대학 선생님들과 함께 하면서 절감했던 게 바로 그것이었다. 때때로 강의실을 박차고 나가 노숙인에 대한 편견의 실체를 낱낱이 벗겨보고 싶은 충동에 사로잡히곤 했다. 그러나 차분해져야 했다. 어떤 것은 분명 편견이지만 또 어떤 경우는 실제 문제가 있는 부분도 있었기 때문이다. 지나치게 그 분들만 옹호한다고 해서 될 일이 아니었다. 우선 문제가 있는 것부터 하나하나 고쳐나가는 게 급선무라고 판단했다. 막연하나마 그게 바로 '인문학적 치료'가 아닐까 싶기도 했다.

가장 큰 편견은 '노숙자는 일하기 싫어하는 베짱이들'이라는 것이다. 과연 그런지 알아볼 필요가 있지만 그런 수고를 할 사람은 별로 없어 보인다. 그래서 대신 질문을 던져보려 한다.

"과연 우리 사회가 언제 노숙인들에게 일할 기회를 제공하기는 했었습니까?"

적어도 다시서기 지원센터나 영등포역 주변의 노숙인 쉼터를 이용하는 분들은 끊임없이 일자리를 찾고 있다. 기회가 되면 자활근로를 하고, 그것마저 여의치 않을 땐 폐지나 공병 모으기 등 자신만의 방식으로 끊임없이 노동한다.

문제는 그들이 전체 노숙인 중 극히 소수에 불과하다는 것이다. 쉼터 노숙인의 대부분은 새벽마다 인력시장에 나가 일자리를 찾는다. 그러나 매일 아침 인력시장에서 일자리를 구하는 사람은 전체의 10%도 안 된다. 특히 요즘 같은 불황기에는 100명이 나가봐야 겨우 5명 정

도가 일자리를 구할 뿐이라고 한다. 그마저도 겨울에는 없어지고.

새벽에 일자리를 알아보러 나갔다가 허탕을 치고 오는 분에게 하루 해는 유난히 길 수밖에 없다. 그런데다 허기진 속은 당장 무언가를 채워달라고 요구한다. 무료배식소라도 가서 줄을 서야 하지만 그마저도 만만치 않다. 요즘엔 그쪽도 줄서는 사람이 부쩍 늘어 두어 시간은 족히 기다려야 한다. 그러고도 허탕을 치는 일이 다반사다. 주머니에 몇 푼이라도 있다면 모를까 만져지는 게 없을 땐 정말이지 막막할 따름이다.

불황의 최전선에서 신음하는
어느 여성 노숙인

"10월 8일부터 11월 12일까지(정확하게 35일 동안) 오산의 한 휴대폰 부품 공장에서 일을 했다. 특별히 급여를 얘기하진 않았지만 시간당 최저임금은 받으려니 생각했다. 신당동 쉼터에서 자면서 경기도 오산까지 출퇴근하는 일이 결코 쉽지 않았다. 그러나 열심히 다녔다.

나름 계획이 있었다. 급여를 받으면 그걸로 간병인 교육과정에 등록해 간병인이 되고 싶었다. 그런데 한 달 넘게 일하고 고작 20여 만 원밖에 못 받았다. 등록비 20만원 내고 나면 남는 게 없다. 걱정이다. 그래도 난 나은 편이라고 말한다. 공장 측의 말이다. 외국인 노동자 중엔 한 푼도 못 받고 나간 경우도 있다 한다. 이래저래 속이 상해서 죽을 지경이다."

강의하는 곳 중에 여성노숙인 쉼터(노숙생활을 경험한 뒤 자활을 준비하고 있는 여성들이 지내는 곳)가 있는데 지난주 그곳에서 들은 얘기다. 강의를 시작하려는 순간, 수강생 한 분이 긴 한숨을 내쉬는 게 아닌가. 이유를 물었더니 그런 사연이 나오는 거다.

"속상해 죽겠어요. 겨우 진정이 되어서 다 잊고 수업 들으려고 했는데, 그 생각이 또 나네요."

말을 들으며 머릿속으로 떠올린 말은 '바보'였다. 실제 그 분에게도 그렇게 말해버렸다.

"바보 아니에요? 그렇게 그냥 오면 어떻게 해요. 일한 건 당연히 받아야 하고 안 주면 싸워서라도 받았어야지요."

내 말을 듣기는 하는 건지, 뭘 잘못하기라도 했다는 건지……. 고개를 한껏 숙인 채 기어들어가는 소리로 한 마디 한다. 그 말이 더 가관이다.

"공장이 상당히 어렵데요. 망할지도 모른데요. 그런데도 전 약간이라도 받았잖아요. 한 푼도 못 받은 사람이 있다는데……. 남아서 일하는 사람들 생각해서라도 그냥 올 수밖에 없었어요."

마냥 흥분할 일이 아니었다. 문득 어떤 생각이 머릿속을 스쳤다. 4년 동안 줄기차게 노숙인들과 인문학 강의를 하면서 터득한 바로 '그것'이었다. 노숙인 혹은 가난한 사람들의 대체적인 특성이랄까. 나약함, 용기 없음, 자신감 결여, 무엇이든 쉽게 포기하는 습관, 아…….어쩌자고 지 몸도 못 챙기면서 남 걱정하는 어깃장심사……. 차분하게 되물었다. 이미 양 손에 수첩과 볼펜을 꺼내 든 상태였다.

"그 공장 이름이 뭡니까? 어디 있습니까? 담 주에 저하고 같이 갑시다. 당장 줄 수 없으면 나중에라도 준다는 서약서라도 받아옵시다. 시간당 최저임금으로 계산해도 얼추 100만원은 될 겁니다. 돈도 없이 당장 어떻게 할 작정입니까?"

목소리의 강도에 놀란 탓이었을까. 그분은 연신 내게 다음 주에 전화하겠다고 다짐하고 또 다짐했다. 그러나 3일 후 전화하겠다고 했지만 일주일이 지나도 전화가 없다. 내가 연락해볼 수도 없다. 쉼터에 있으면 실무자를 통해 연락할 방법이 있지만 그렇지 않은 경우, 휴대폰이 없는 그 분에게 연락할 방법이 없다. 날 못 믿었던 걸까? 공연히 귀찮게 하고 싶지 않다고 생각한 걸까? 두려웠던 걸까? 아니면, 정말로 바보처럼 그 정도 받은 걸로 됐다는 걸까?

인문학의 힘으로
16년 만에 사랑을 고백하다

산악인 에드먼드 힐러리 경은 "산에 오르는 이유가 뭐냐?"는 질문에 "거기 산이 있어서 오른다."고 간단하게 대답했다고 한다. 우문에 현답이고, 그래서 꽤 유명해진 말이기도 하다.

나 역시 주위사람들로부터 자주 받는 질문이 있다. "노숙인 인문학을 하는 이유가 뭐냐?" 내겐 힐러리 경과 같은 촌철살인의 대답이 준비돼 있지 못하다. 쉽게 대답할 수 있을 것 같으면서도 실은 어렵다. "노숙인의 자활을 돕기 위해서"라고 하거나 "인문학을 통해 자존감을 회복하게 하려고"라고 대답하면 그만 일 것 같지만 너무 상투적인 느낌이 들어 그마저도 입속에서 우물거리기만 할뿐 선뜻 밖으로 내놓지 못하고 만다.

곰곰이 생각해 본다. '과연 노숙인 인문학이란 뭘까? 어떻게 설명해야 할까?' 역시 힘들다. 내공이 부족해서다. 반면 뜻밖에 명쾌한 대답을 내놓는 이를 만나면 지레 기가 죽고 전율이 느껴지기도 한다. 문제는, 언제나 나를 전율하게 만드는 이는 인문학 강좌에 참여한 노숙인이라는 거다.

2007년 가을, 성프란시스대학에서 강원도의 홍천강변으로 엠티

(MT)를 갔을 때의 일이다. 1, 2기 졸업생과 3기 재학생들, 그리고 학장인 임영인 신부님과 교수들이 한 자리에 모인 자리였다. 준비한 프로그램을 마치고 늦은 밤 마당 한가운데 모닥불을 피워놓고 모여 앉았을 때였다. 좌중의 누군가가 난데없이 질문을 던졌다.

"대체 인문학의 의미가 무엇이라고 생각합니까?"

일순 분위기가 썰렁해지고 말았다. 교수, 학생 할 것 없이 가장 난감해 하는 질문이었던 것이다. 그때였다. 3기생 중 한 명이 손을 들고 나섰다. "제 생각엔 이렇습니다." 만류하는 분위기가 느껴지기도 했다. 그의 말을 듣기도 전에 핀잔이 날아들었다. "들어온 지 두 달밖에 안된 주제에……." 그러나 그의 표정은 꽤나 진지했다.

"제 무능력을 탓하며 헤어지자는 말만 되뇌던 아내가 있었습니다. 아내는 평소 저하고 통화하는 것조차 거부했습니다. 그런데 제가 성 프란시스대학에 들어와서 인문학을 공부한다고 하니까, 태도가 달라졌습니다. 어제도 오늘 MT간다고 자랑까지 했습니다. 그러면서 아내에게 '사랑한다'는 말을 했습니다. 16년 만에 처음 해본 말입니다. 제 생각에는 인문학을 공부하는 이유가 이런 게 아닐까 싶습니다. 저 자신도 그런 말을 하는 제가 놀랍습니다. 연애기간 포함해서 16년이 넘도록 단 한 번도 하지 않았던 '사랑한다'는 말을 하게 하는 것, 그게 바로 인문학의 의미입니다. 적어도 제겐 그렇습니다."

　일순 조용했다. 잠시 뒤 침묵을 깨고 동료 교수가 휴대폰을 꺼내들고 분위기 반전을 시도했다. "그러고 보니까 저도 아내에게 사랑한다는 말을 못하고 산지 10년이 넘은 것 같네요. 당장 아내에게 전화해야겠어요, 하하하."

　깊은 밤 잠자리로 향하는 모든 이의 얼굴이 발그스레했다. 마음씨 넉넉한 주인장이 특별히 마련해준 특제막걸리를 마신 덕분이기도 했고, 모닥불의 화기 때문이기도 했을 것이다. 그러나 무엇보다 사람들의 표정을 달뜨게 했던 것은 16년 만에 아내에게 사랑한다는 말을 했다는 3기생의 고백에 감동을 받았기 때문이었을 것이다. 그분들의 표정을 살피며 나 역시 문득 누구에게랄 것도 없이 혼잣말을 되뇌었다. "사랑한다, 사랑한다, 사랑한다!"

　사람은 변화하는가? 난해한 문제다. 그러나 외면할 수 없는 화두이기도 하다. "모든 것은 변한다."고 말했던 최초의 철학자는 헤라클레이토스였다고 한다. 그는 자연의 기본 특성을 지속적인 변화라고 생각했으며 또한 "모든 것은 홀로 존재하는 게 아니라 '대립쌍'으로 존재한다."고 봤다. 그는 또한 신보다 '로고스' 즉 '이성'을 신봉했던 사람이기도 하다. 인간 이성의 중요성을 본격적으로 인식하기 시작한 소크라테스나 아리스토텔레스 이전의 자연철학자였던 헤라클레이토스는 인간은 물론 모든 것이 변한다고 말했던 것이다. 그러나 그의 지론이 2,500년이 지난 현실 사회에서 몇몇 사람들에 의해 부정되고 있다. 이른바 노숙인들에 의해서다.

　'사람은 변하는가?'를 주제로 여러 차례 토론을 벌였지만 그때마다 결론은 '변하지 않는다.'로 나곤 했다. 그 이유가 대체 뭘까? 2,500년 전부터 믿어왔던 변화에 대한 확신을 부정하는 결정적인 근거는 무엇일까? 두려움이다. 현재는 불만족스럽지만 그렇다고 변화할 용기도 없는 사람, 즉 변화를 두려워하는 사람들이 바로 노숙인들이다.

노숙 상태에 빠지는 사람들 대부분은 나약한 사람들이다. 강한 사람이라면 아무리 어려운 상황에서도 포기하지 않고 상황을 회피하지 않는다. 반면 나약한 사람, 용기가 없는 사람만이 앞으로 닥칠 상황을 미리 겁내하면서 자리를 피하고 본다. 그렇게 해서 나앉은 곳이 바로 서울역으로 대표되는 노숙인들의 자리이다.

변화를 두려워하는 사람들에게 '변화'를 주제로 한 토론을 붙여본들 나올 결론은 자명하다. 애서 외면하거나 견강부회해서라도 사람은 절대 변하지 않는다는 결론을 도출해 내는 것이다. 어찌 보면 당연한 일이다. 그래서 인문학 교육이 필요하다. 굳이 헤라클레이토스나 소크라테스를 언급할 필요조차 없다.

우리 주변에는 변신에 성공한 사람들이 얼마든지 있다. 희망의 증거를 제시하는 것이 훨씬 효과적일 수 있다. 그래서 역사의 발전과정에 대한 이해와 예술가들의 고뇌의 과정을 내면화하는 작업이 필요한 것이다. 노숙인 인문학은 기본적으로 사람의 변화에 대한 신념을 길러주는 학문이다. 인문학 과정에 참여한 뒤 16년 만에 사랑을 고백하는 일이 발생하는 건 그래서다.

시민인문학
'태어나고 자라고'

제2부

| 노숙인 인문학 강좌의 탄생
| '클레멘트 코스'를 만나다
| 임영인 신부와의 만남
| 세상에서 가장 작고 아름다운 대학
| 긴장됐던 첫 강의, 엉망이 됐던 사연
| 진정한 교육이란 함께 배우고 가르치는 것
| 글쓰기의 힘
| 토론하다 멱살잡이까지 갔던 사연
| 거울효과, 노숙인들이 서로를 미워하는 이유
| 기쁨과 슬픔이 교직하는 노숙인과 함께 하는 삶
| 얼 쇼리스와 함께 시작한 2학기 강의
| 아직 끝나지 않은 마지막 수업
| 노숙인인문학에 참여한 교수진
| 야학교사와 학생, 동료 교수로 만나다

노숙인 인문학 강좌의 탄생

　서울역에서 남영동 방향으로 버스 한 정거장을 내려가면 큰 사거리가 나온다. 그 아래가 지하철 4호선 '숙대입구역'이다. 숙대입구역 1번 출구로 나와 앞을 보면 조그만 푯말이 보인다. 그 푯말을 끼고 코너를 돌아 경사진 골목으로 오르면 노란색 칠을 한 건물이 나온다. 거기가 바로 '노숙인 다시서기 지원센터'다.
　2005년 9월, 꽤 많은 사람들이 다시서기 지원센터로 모여들었다. 멀쑥하게 차려 입은 사람들이 대부분이었고, 더러는 취재수첩을 들었거나 카메라를 메고 있는 언론사 사람들도 눈에 띄었다.
　예정된 시간보다 먼저 도착했던 나는 주위를 꼼꼼히 살펴보았다. 마치 이사 올 집을 점검하는 사람처럼 건물 안 계단의 폭과 높이, 건물 앞뒤의 구조와 골목 안쪽의 집들을 유심히 살펴보기도 했다. 골목 안은 마치 과거와 현재가 공존하는 것처럼 낡은 기와집과 새로 지은 연립주택들이 순서 없이 뒤섞여있었다. 그러나 정작 보고 싶었던 건 건물이나 골목 풍경이 아니었다. 사람이 보고 싶었다. 평소 그곳, 다시서기 지원센터를 드나드는 사람들. 이른바 노숙자라 불리는 사람들.
　그날 센터에 사람들이 몰린 건 성프란시스대학 입학식 때문이었다.

언론이 취재경쟁을 벌였을 정도로 성프란시스대학의 출범은 이미 사회적 관심사가 되어 있었다. 언론이 관심을 보이는 건 나쁠 게 없는 일이었다. 오히려 반가운 일이었다.

입학식장은 센터의 3층 강당에 마련되었다. 평소 노숙인들이 생활하던 공간을 행사장으로 바꿔놓은 듯했다. 앞쪽에 임시 단상이 마련됐고, 중간엔 의자들이 빼곡히 들어차 있었다. 의자에 앉은 사람들 중에서 누가 노숙인이고 누가 축하객인지 구분하기는 쉽지 않았다. 어쩌면 성프란시스대학의 궁극적인 목표가 이런 것이 아닐까. 노숙인, 일반인 구별 없이 그저 사람을 사람으로만 보는 세상. 객석에서 확연히 구별되는 이들은 회사조끼를 맞춰 입고 등장한 삼성코닝 직원들뿐이었다.

교수들을 위한 자리는 단상 옆에 따로 마련돼 있었다. 나는 어색함과 무안함을 무릅쓴 채 그 자리에 앉아야 했다. 행사 내내 불편하고, 부담스러웠지만 어쩔 수 없었다. 내 옆으로 철학 강의를 맡은 우기동 교수와 예술사 김종길 교수가 나란히 앉았다. 식은 다시서기 지원센터의 소장인 임영인 신부의 인사말로 시작됐다. 이어 삼성코닝 사장의 축사와 교수, 학생 소개가 이어졌고, 입학생 대표의 인사말로 행사가 절정에 이르렀다.

"그동안 저희 노숙자들은 어두운 곳에 웅크린 채 비관적인 생각만 하고 있었습니다. 그러나 앞으로 이 성프란시스대학에서 인문학을 공부하면서 새로운 희망을 만들어나갈 것입니다. 지켜봐 주시고 지속적인 관심과 격려 부탁드립니다."

　카메라와 주위 사람들의 시선을 의식한 듯 시종 상기된 표정을 짓고 있던 입학생들이 동료의 발언에 공감한다는 듯 일제히 고개를 들며 커다란 박수를 쳐주었다.

　언론의 관심은 이틀 뒤 첫 강의시간으로 이어졌다. 그러나 거기까지였다. 언론의 관심이 예상보다 빨리 식어버린 것에 실망했지만 한편 다행스런 일이기도 했다. 강의까지 방송카메라 앞에서 할 수는 없는 일이 아닌가. 생각건대 애초 언론의 관심은 노숙인 혹은 인문학에 대한 것은 아닌 듯했다. 그 보다는 노숙인과 인문학의 어색한 조합, 전혀 어울릴 것 같지 않은 그 둘의 생뚱맞은 만남에 대한 단순한 호기심이 아니었을까. 이튿날 방송과 신문에 나온 입학식 관련 기사들이 그 같은 사실을 확인시켰다. 노숙인 인문학 과정의 설립 취지나 의미를 짚는 기사는 거의 없었고, 단지 독특한 이벤트가 벌어졌다는 투의 기사들이 대부분이었다.

　아무려나, 성프란시스대학의 출범은 비교적 성공적이라 할만 했다. 특히 언론의 관심을 유도했다는 점에서 그렇다. IMF외환위기 직후, 거리에 노숙인이 쏟아지던 때를 제외하고 언론이 노숙인을 집중 취재하거나 진지하게 다룬 적이 없다. 그런 의미에서 성프란시스대학의 출범은 아직도 우리 사회에 노숙상태라는 척박한 현실에 놓여 있는 사람들이 엄존하며, 일반의 왜곡된 시선과는 달리 그들 역시 살아내기 위해 몸부림치고 있다는 사실을 세상에 알린 셈이었다.

　맨손으로 대학을 만드는 일은 거의 불가능에 가까운 일이었다. 하물며 노숙인을 위한 대학을 만드는 게 순탄했을 리 없다. 무엇보다 대학 설립을 힘들게 했던 건 노숙인에 대한 사회적 편견의 벽이었다. 일 하기 싫어하는 노숙자들이 공부는 무슨 공부냐며 대학의 설립을 비웃는 사람들이 대다수였고, 더구나 기술교육이 아닌 인문학을 강의한다는 것을 이해하지 못하는 사람들도 많았다.

'클레멘트 코스'를 만나다

 모든 일이 그렇듯 성프란시스대학 역시 헌신적으로 노력한 몇몇 사람들의 의지로 설립되었다. 그 중심에 있었던 사람이 성공회 사제 임영인 신부였다. 임영인 신부는 아무도 관심을 가지지 않는 일을 홀로 밀어붙여 마침내 주위 사람들의 동의와 지지를 이끌어내는데 성공했다.
 젊은 시절 학생운동을 하다 옥고를 치르기도 했던 임 신부는 일찍이 공단지역에서 야학활동을 하는 등 소외계층을 위한 교육활동에 남다른 관심을 가지고 있었다. 사제 서품을 받은 뒤 '수원 나눔의 집'에서 가난한 아이들을 모아 공부방을 운영했던 것도 따지고 보면 그 같은 관심의 일환이었던 셈이었다. 임영인 신부의 시선은 언제나 낮은 곳, 즉 가난한 사람들의 척박한 삶에 머물러 있었다.
 특히 노숙인 문제에 관심이 많던 그가 노숙인 다시서기 지원센터의 소장으로 부임하면서 인문학 과정 설립이 본격화되기 시작했다. 마침 그 무렵 TV에서 '클레멘트 코스'에 관한 다큐멘터리가 방영되었다.
 클레멘트 코스는 한 끼의 식사나 하룻밤의 잠자리를 제공하는 것으로는 노숙인을 자활로 이끌 수 없다는 임영인 신부의 생각에 확신을 불어넣어주는 계기가 됐다. 클레멘트 코스(홈리스 인문학)의 창시자 얼 쇼리스[1]는 인문학 교육을 통해 자기 삶의 주인이 되는 것, 인간으로서의 자존감을 회복하는 것이 노숙인 스스로 자활의 길로 향하는 유일한 방법이라는 것을 가장 먼저 알고 몸소 실천한 사람이었다.

얼 쇼리스가 클레멘트 코스를 개설하게 된 데는 특별한 동기가 있었다. 1995년, 얼 쇼리스가 빈곤문제와 관련한 글을 쓰기 위해 뉴욕의 한 교도소에서 수감자를 취재하던 중 살인사건에 연루돼 8년째 복역 중인 여죄수를 만나 질문을 던졌던 것이 직접적인 계기가 됐다. "사람들이 왜 가난하다고 생각하느냐?" 얼 쇼리스의 질문에 20대의 여죄수는 의미심장한 대답을 내놓는다. "우리가 가난한 건 정신적 삶이 없기 때문입니다." 의외의 대답에 놀란 얼 쇼리스는 "정신적 삶이 대체 무엇이냐?"고 되묻는다. 여죄수는 기다렸다는 듯이 "저기 저 곳에 있는 극장과 연주회, 박물관, 강연 같은 거죠."라고 대답한다. 거기서 얼 쇼리스는 하나의 깨달음을 얻게 된다.

단순하게 가난한 이들에게 필요한 건 물질적 충족일 것이라고 생각해오던 그에게 여죄수의 엉뚱한 대답은 뜻밖의 가르침으로 다가왔던 것이다. 그들에게 빵과 잠자리가 필요한 건 당연하다. 하지만 그것들이 가난으로부터 벗어나게 해주는 건 아니다. 가난에 찌들어 가장 먼저 망가지는 건 물론 몸이지만 표 나지 않게 더욱 황폐해지는 건 정신

---

1) 얼 쇼리스(Earl Shorris) : 클레멘트코스 설립자. 시카고대학교에서 공부하였으며, 언론인, 사회비평가, 대학강사, 소설가로 활동하고 있다. 1972년부터 '하퍼스'지의 편집자로 일했다. 저서로는 『뉴 아메리칸 블루스』, 『위대한 영혼의 죽음』 등 다수가 있다.
얼 쇼리스는 가난한 사람들에게도 인문학 교육이 필요하다는 것을 깨닫고 1995년 노숙자, 빈민, 죄수 등의 소외계층을 대상으로 정규 대학 수준의 인문학을 가르치는 교육과정인 클레멘트 코스를 만들었다.

인 것이다.

가난한 사람들의 황폐해진 정신을 추스를 수 있는 게 과연 뭘까? 그런 물음에서 출발해 마침내 도달한 결론이 바로 인문학 교육을 통해 자존감을 회복하는 것이었다. 깨달음은 곧 '클레멘트 코스'의 설립으로 이어졌다. 1995년부터 뉴욕 인근의 노숙인, 마약중독자, 죄수 등을 대상으로 윤리, 철학, 예술, 역사, 논리학 등을 강의했던 클레멘트 코스는 현재 5대륙에서 50여개 코스가 개설돼, 한 해 신입생이 1,200명에 이르는 규모로 커졌다.

'클레멘트 코스'는 이후 엄청난 사회적 파장을 일으킨다. 코스를 이수한 홈리스들 가운데 더 많은 공부를 위해 대학에 진학하는 이가 나왔고, 그 중에선 변호사나 치과의사가 된 이도 있었다. 무엇보다도 그들은 인문학 과정을 통해 자신들을 둘러싸고 있던 '무력의 포위망'을 벗어나게 되었고, 이후 전혀 다른 삶을 사는 사람으로 변화하게 되었다. (얼 쇼리스 저, 《희망의 인문학》 참고)

노숙인의 자활을 돕는 데 관심을 갖고 있던 임영인 신부는 클레멘트 코스를 접한 뒤 주위 사람들과 의견을 나누면서 점차 인문학 코스에 대한 확신을 갖기 시작했고, 이어 구체적인 설립 계획을 수립하기에 이른다.

'한국형 클레멘트 코스' 설립운동은 그때부터 본격화되기 시작했다. 결정을 내린 이후로도 임영인 신부는 지인들과의 상의를 중단하지 않았다. 지지자를 구하기 위해 백방으로 뛰어 다니기도 했다. 어렵고 힘든 일이었지만 의외로 취지에 공감하는 사람들이 많았다. 남은 문제는 예산확보와 강의할 공간, 교수진을 구성하는 등의 기술적인 문제였다.

하늘은 스스로 돕는 자를 돕는다고 했던가. 때마침 (주)삼성코닝의 조연백 사회복지사가 임 신부의 취지에 공감, 의기투합하면서 자사 사회공헌예산을 통한 코스 운영비 지원의 가능성을 열어주었다.

이제 강의할 장소와 교수진을 구하는 일이 급선무였다. 서울역에서 가장 가까운 곳에 위치한 모 대학에 강의실을 제공해 달라고 도움을 요청해 봤지만 대상이 노숙인이라는 말에 대학은 난색을 표했다. 예상됐던 일이었다. 돈을 들일 수도, 도움을 받을 수도 없다면 교회를 이용하는 수밖에 없었다. 이번에도 역시 임 신부가 방안을 마련했다. 대한성공회 서울교구에 찾아가 부탁했던 것. 그렇게 성프란시스대학의 역사적인 첫 강의는 광화문에 소재한 대한성공회 서울교구 대성당의 세미나실에서 이루어졌다.

이어 강의구성. 논의 끝에 '철학'과 '글쓰기'를 기본과목으로 놓고, 거기에 '역사'와 '문학', '예술사'를 접목하는 것으로 강의과목을 구성하기로 했다.

교수진 섭외 역시 전적으로 임 신부가 맡았다. 그러나 만만한 일이 아니었다. 취지에 공감하는 사람은 많았지만 막상 제안하면 흔쾌히 나서주질 않았다. 말이 그렇지, 노숙인 앞에서 강의한다는 게 그리 쉽게 결정할 수 있는 일이 아니었다. 굉장히 떨리고 긴장되는 일이었을 것이다. 여기서 시간을 많이 잡아먹었다. 결국 임 신부는 지인들 중에서 강의할 사람을 고르기로 결정했다.

임영인 신부와의 만남

　임영인 신부를 처음 만난 건 2004년 겨울이었다. 지인들이 종종 모이는 수원 장안문 근처의 막걸리 집 '화성주막'에서였다.
　그날도 지인들과 막걸리 잔을 기울이고 있었고, 임영인 신부는 뒤늦게 합석했다. 신부님을 비롯한 초면인 몇몇 사람들이 서로 인사를 나누게 되었는데, 일행 중 누군가가 나를 글 쓰는 사람이라고 소개했다. 소개가 끝나기 무섭게 신부님이 내게 말을 걸어오셨다. 말은 자신이 운영하는 수원 나눔의 집의 소식지인 '(월간)선한 마음의 창고'에 칼럼을 연재해주면 안되겠냐는 느닷없는 제안으로 이어졌다. 원고 구하기가 힘들어 소식지 만들기도 쉽지 않다는 푸념을 덧붙이면서.
　원고료가 없는 건 대수롭지 않았지만 정작 부담스러운 건 신부님이 요구한 칼럼의 주제였다.

　"가난했던 어린 시절 이야기를 써주세요. 지금 힘들게 살고 있는 어린아이들에게 용기와 희망을 줄 수 있는 그런 이야기말예요."

　이후 원고료를 받기는커녕 외려 월 3만원씩 기부금을 내면서 연재를 시작했다. 나름 꽤 신경을 썼던 칼럼이었고, 가끔 장난스런 생각을 해보기도 했다. 신부님이 정작 받고 싶었던 건 원고가 아니라 기부금이 아니었을까? 아무려면······.

그런 생각이 들 때마다 이른 새벽부터 노숙인들을 돌보는 일을 하고 있다는 신부님의 모습을 떠올리며 부끄러워해야 했다. 안 그래도 보잘 것 없는 내 글이 더 보잘 것 없이 여겨지지나 않을까 해서 더욱 분발을 다짐하곤 했던 기억이다.

신부님으로부터 다시 전화가 걸려온 건 그로부터 몇 개월이 지난 후였다. 드문드문 지인을 통해 신부님이 '노숙인을 위한 인문학 강좌'를 준비하고 있다는 소식을 듣고 있었지만 설마 그 문제로 내게 전화를 하실 거라고는 생각조차 해본 적이 없었다. 더구나 내게 강의를 맡아달라는 제의가 들어올 줄은······.

신부님은 이번에도 갑작스럽게 제의했다. 강의를 맡아달라고. 당황스러웠지만 이번에도 섣불리 거부의사를 밝히지는 않았다. 다만 자격이 안 될 것 같다는 말로 발뺌을 시도했다. 이어지는 신부님의 말씀이 내 마음을 옴짝달싹 못하게 만들었다.

"중요한 건 자격이나 조건이 아니라 의지입니다. 최 선생마저 거절한다면 대학설립이 힘들어질 수도 있습니다. 저와 함께 해봅시다."

오죽했으면 나 같은 사람에게까지 제의를 하셨을까. 마냥 거절해서는 안 될 것 같았다. 고심 끝에 긍정적으로 생각해보겠다는 말을 남긴

뒤 전화를 끊었지만, 이미 마음속으론 강의실에 서 있는 나 자신을 상상하고 있었다. 그 상상은 곧 걱정과 두려움으로 이어지곤 했다.

많이 망설였고, 많이 주저했다. 학위도 없는 내가 대학에서 강의를 한다는 것, 게다가 일반 대학생도 아닌 산전수전 다 겪은 성인들을 대상으로 강의를 한다는 것, 등단했다고는 하지만 이렇다 할 변변한 작품 하나 쓰지 못한 내가 글쓰기를 강의한다는 것 등등, 두려운 것이 한두 가지가 아니었다.

그러나 그 어떤 것도 신부님의 간곡한 부탁을 거절할 명분이 되지는 못했다. 결국 나는 그해 9월 설립된 성프란시스대학 1기 1학기부터 작문 강의를 맡게 되었다. 만일의 시비를 대비해 사전에 알리바이를 마련해 두었음은 물론이다.

"신부님 말씀대로 정작 중요한 건 학위나 학문적 깊이가 아닐지 모른다. 요는 진실한 마음으로 최선을 다하는 것일 테다. 내게 이런 제의가 들어온 것 자체가 그간 내가 살아온 삶의 반영일 수 있다. 돈이나 좇는 한심한 삶을 살았다면 이런 제의가 들어왔을 리 없다. 교육대상의 특성상 대학 강의 경험보다는 대학시절 야학 교사를 했던 경험, 공장노동자로 살면서 겪었던 고단한 삶의 경험들이 더 중요하게 작용할 수도 있다. 결국 내 청춘의 소중한 이력들이 소망스런 제의로 이어진 것이다. 더 이상 망설일 것도 주저할 것도 없다. 최선을 다하고 진심으로 대면하면 될 것이다."

제아무리 못난 사람도 최소한 자기변명의 논리는 가지고 있다고 한다. 나 또한 이 세상에서 가장 작고 아름다운 대학, 성프란시스대학과의 첫 만남을 시작하기에 앞서 확실한 자기변명의 논리로 무장하고 있었다.

세상에서 가장 작고
아름다운 대학

　입학식을 앞두고 몇 차례 회의를 했다. 전반적인 상황을 점검했고, 나름의 운영원칙을 마련하기도 했다. 우선 학교의 이름은 '성 프란시스 대학'으로 정했다. '강좌'나 '코스' 대신 '대학'이라 명명한 건 수강생들에게 자부심을 심어주기 위해서였다. 성인 프란체스코의 이름을 넣은 건 전적으로 임영인 신부의 생각이었다. 성직의 고매함과 권위를 내세우기보다 낮은 데로 임하시며 가난한 이웃들의 삶을 보듬으려 했던 성인의 정신과 발자취를 따르겠다는 의지였을 것이다. 또한 우리는 대학의 또 다른 이름으로 이 세상에서 가장 작은 대학, 그러나 이 세상에서 가장 아름다운 대학이라는 별칭을 붙여보기도 했다.
　수강생과 강사의 호칭도 미리 정리할 필요가 있었다. 무엇보다 의기소침해 있는 수강생들의 자존심을 세워주는 게 중요했다. 또한 공부하는 사람으로서의 자부심도 필요했다. 생각해보면, 노숙인 인문학의 취지가 바로 그것인 셈이었다. 수강생들의 호칭을 선생님으로 정했다. 수강생들 간에도 상호 존중하는 분위기를 만들기 위해 서로에게 선생님으로 호칭하도록 통일했다. 강사와 수강생을 구분하기 위해 강사에겐 교수라는 명칭을 사용하기로 했다.

수강생을 '선생님'으로 부르기로.

　학사일정과 운영진의 역할분담도 필요했다. 한 기수를 2학기제로 운영하기로 했고, 한 학기에 3과목을 강의하기로 했다. 단, 글 쓰는 습관이 중요한 만큼 글쓰기 과목은 매 학기 계속하기로 했다. 그렇게 해서 1학기는 철학, 예술사, 글쓰기로, 2학기는 문학, 역사, 글쓰기를 진행하는 것으로 학사일정을 잡았다. 각 과목의 시수는 15강으로 정했다.

　역할분담은 자연스럽게 이루어졌다. 산파와도 같았던 임영인 신부가 학장을 맡아 대내외 업무를 총괄하기로 했고, (주)삼성코닝의 사회복지사 조연백 씨가 지원업무를, 다시서기 지원센터의 임현철 실장이 실무총괄을 맡았고, 나중에 수강생들에게 '엄마'라는 호칭을 듣게 되는 유난히 눈물이 많은 사회복지사 김자옥 씨가 실무 간사로 결합했다.

　각 과목의 교수들도 정해졌다. 철학은 우기동(철학박사), 예술사는 김종길(미술평론가), 문학은 고영직(문학평론가), 역사는 박한용(민족문제연구소 연구실장), 글쓰기는 내가 맡기로 했다.

　1기 수강생은 총 21명을 뽑았다. 인문학 수강생을 모집하는 공고문을 쉼터(가시서기 지원센터) 입구에 붙이고 모집한 결과 40여 명의 신청자가 있었다. 그 중 기본적으로 읽기와 쓰기가 불가능하거나, 심한 지적 장애를 앓고 있는 분을 제외한 21명을 1기생으로 선발했다.

　연령대는 대부분 4, 50대였고 30대와 60대도 더러 있었다. 학력 수준은 초등학교 졸업에서부터 대학졸업자까지 천차만별이었다. 수강

생 대부분은 노숙인 쉼터인 다시서기 지원센터에서 생활하고 있었고, 그중 서너 명 정도는 쪽방생활을 하고 있었다. 쪽방생활자는 그나마 나은 환경에서 사는 경우로 기초생활비수급권자이거나 자활근로에 참여해 정기적인 수입을 가진 사람들이었다.

1기, 20명 모집에 40여명 몰려

수강생 21명, 학장 이하 교직원이 3명(외부 지원인력 1명), 교수 5명이 성프란시스대학 1기의 총 구성원이었다. 다 합쳐봐야 서른 명도 채 안 되는 인원이었다. 정말로 작은 대학이었다. 그러나 이 작은 대학에서 만들어낼 다양한 이야기들은 결코 작지 않을 것임을 모두가 알고 있었다. 그 이야기들이 얼마나 진솔하고, 얼마나 감동적인 이야기가 될지는 전적으로 우리들의 손에 달려있었다. 구성원 모두가 한 마음이 되어 최선을 다할 때 비로소 그 이야기들은 세상을 향한 의미 있는 울림이 될 것이었다.

도저히 어울릴 것 같지 않은 '노숙인'과 '인문학'을 결합시켜 세상을 놀라게 했던 성프란시스대학이 설립된 지 어느새 5년이 지났다. 그간 대학과 대학 구성원들에게는 많은 일들이 있었고, 다양한 변화들도 있었다. 때론 사회적 관심을 받기도 했고, 때론 냉소와 비아냥거림의 대상이 되기도 했다.

'노숙인' 과 '인문학' 의 만남

　새롭게 인문학 강좌를 기획하는 사람들에게 성프란시스대학은 반드시 벤치마킹해야 할 곳이 되었고, 여러 대학의 교수들이 연구과제로 삼아 자료를 요청하기도 했다. 어떤 교수는 학생들에게 성프란시스대학을 취재해 오라는 과제를 내주기도 해서, 한 동안 나는 대학생들의 인터뷰 요청에 홍역을 치르기도 했다.
　보람도 있었다. 성프란시스대학 설립 이후 우리 사회 곳곳에서 인문학 강좌 개설 붐이 일기 시작한 것이었다. 이후 불과 2, 3년 만에 실로 다양한 형태의 인문학 강좌가 개설되었다. 대부분 노숙인 인문학을 벤치마킹한 것이었다. 바야흐로 노숙인과 인문학이 사회변화의 동인이 되었던 셈이다.

긴장됐던 첫 강의, 엉망이 됐던 사연

성프란시스대학의 최초의 강의는 글쓰기 강의였다. 입학식이 그랬듯 첫 강의 역시 언론의 관심 속에서 진행되었다. 그러나 강의실 안으로 들어온 언론의 관심은 사양했어야 옳았다. 강의실 뒤 정면에는 카메라가 설치되었고, 강의하는 내 바로 옆에선 기자가 마이크를 턱 밑으로 들이밀고 서 있었다. 그런 상황에서 제대로 된 강의를 하기란 쉽지 않은 일이었다.

긴장하기는 강의하는 나나 수강생들, 배석한 실무자들 역시 마찬가지였다. 말하는 나조차 무슨 말을 하는지도 모른 채 정신없이 떠들어댔다. 선생님들 또한 상기된 표정이긴 마찬가지였다. 멀뚱멀뚱 눈을 깜박이기만 했을 뿐 집중하지 못하고 있다는 게 눈으로 확인될 정도였다.

역사적인 성프란시스대학의 첫 강의는 그렇게 정신없이 흘려보냈다. 강의 주제도 내용도 흐지부지됐고, 서로 첫 인사를 나누고 글쓰기 강좌의 취지를 확인하는 정도에서 타협하고만 시간이었다. 언론의 지나친 관심이 오히려 강의 분위기를 망쳐버린 것이었다.

그래도 첫 강의가 무의미하기만 한건 아니었다. 선생님들과의 첫 대면은 그 자체로 의미 있는 일이었다. 그곳이 거리나 쉼터의 상담실이 아닌 강의실이라는 데 의미가 있었던 것이다. 강의 중간 중간 선생님들의 이야기를 들을 수 있었던 것도 의미 있는 일이었다. 대체로 강의에 임하는 결의와 다짐들을 얘기하고 있었다. 대학이라는 이름이 붙은 곳에 참여하게 된 것에 대한 감회와 감격을 표현한 선생님도 있었다. 한 분의 얘기를 들어보자.

"초등학교 졸업한지 40여년 지났습니다. 40여년 만에 처음으로 앉은 곳이 대학강의실이라니, 노숙생활하길 잘했다는 생각이 들 정돕니다. 학교는 못 다녔지만 거리 생활하는 동안 여러 교회를 전전하면서 소위 강의라는 건 많이 들었습니다. 그때마다 아쉬웠던 건 우리들의 얘기가 아닌 타인들의 얘길 들을 수밖에 없다는 것이었습니다. 앞으로 듣게 될 인문학 강의에선 우리들의 이야기가 많이 나왔으면 하는 바람입니다."

반면에 여전히 의심의 눈초리를 보내는 분도 더러 보였다. 얼떨결에 참여하긴 했지만 인문학이라는 것이 자신에게 무슨 도움이 되겠느냐는 표정이었고 반응이었다. 질문을 던지면 도무지 대답하는 이가 없었다. 단지 왜 그런 질문을 하느냐는 어이없어 하는 눈빛만 확인할 뿐이었다.

난감했다. 난처하기도 했다. 대체 왜 선생님들이 인문학 강의를 들어야 하는지를 자신 있게 설명할 자신이 없었다. 한마디로 나는 준비가 덜 된 강사였던 셈이었다. 일방적인 강의보단 대화하는 강의를 하

겠노라고 생각했지만 어쩔 수 없이 첫 강의는 혼자 말하고 혼자 정리하는 강의가 되고 말았다.

왜 인문학인가?
철학이란 무엇인가?
왜 글쓰기를 해야 하는가?

매우 중요한 주제였고, 그럴수록 차분하게 풀어내야 할 얘기들이었지만 종내 그러지 못한 채 얼떨결에 강의를 마칠 수밖에 없었다.

첫 강의가 계획대로 진행되지 못한 건 언론의 무리한 취재열기 탓이기도 했지만, 일차적인 책임은 내게 있었다. 첫 강의 후 두 번째 강의시간이 될 때까지 내내 자책감에 사로 잡혀 있었다. 어떤 것도 변명이 될 수 없었다. 그저 제대로 준비하지 못하고, 제대로 주제를 파고들지 못한 나의 책임이었다. 다시 반복해서는 안 될 일이었다.

첫 강의를 엉망으로 하고난 뒤 고민하던 끝에 난데없이 떠오른 건 20여 년 전 야학학생 시절 훔쳐봤던 교실 밖 광경이었다. 수업시간을 지키지 못하고 지각한 후배 교사들에게 기합을 주는 선배 교사의 따끔한 질책이 생경하게 떠올랐다.

"지금 저 안에서 너희들을 선생님이라 부르며 기다리고 있는 사람들이 누군 줄 알아? 안 그래도 가난 때문에 제때 배우지 못해 인생에서 뒤쳐졌다고 생각하는 사람들이야. 그분들을 가르치겠다고 나선 너희들이 수업시간에 늦어? 난 도저히 너희들을 이해할 수도 용서할 수도 없다. 수업준비가 부실한 것도 잘못이지만 지각은 도저히 용서할 수 없는 일이다. 그런 나태한 정신머리로 할 거면 야학교사 당장 집어치워라."

그깟 방송이 뭐고 언론이 뭐람. 더 잘 할 수 있었는데……. 후회와 함께 떠오른 20여 년 전의 기억이 고스란히 등짝을 후려치는 채찍처럼 느껴졌다. 가슴이 아렸다. 2주차 강의는 좀더 마음을 다잡아야 겠다고 몇 번이고 다짐했다.
어떤 의미에선 2주차 강의가 첫 강의나 마찬가지였다. 강의주제는 첫 번째 주제였던 '인문학은 왜 필요한가?'에 이어 '글쓰기는 왜 필요한가?'로 정했다. 글쓰기 과목을 맡기로 한 뒤로 줄곧 생각해 왔던 주제인 만큼 자신 있게 강의할 수 있을 것 같은 느낌이기도 했다. 주제 강의에 앞서 첫 강의 때 나왔던 얘기부터 환기하기로 했다.

"지난 주 소개했던 소크라테스의 교육철학을 기억하십니까?"

아뿔싸, 아무 대답이 없다. 진땀을 흘렸다. 도대체 어떻게 이야기를 풀어가야 하는 건가?

진정한 교육이란 함께 배우고 가르치는 것

"진정한 교육이란 먼저 알고 있거나 많이 아는 사람이 무지한 사람에게 일방적으로 가르치는 게 아니다. 진리를 발견하기 위해서는 서로 머리를 맞대고 함께 찾아나서야 한다. 진리를 깨우치기 위해 함께 노력하고 서로 가르치는 것, 그것이 바로 교육이다."

남미 민중교육의 선구자 파울루 프레이리가 쓴 〈페다고지〉에 나오는 이 말은 내 강의의 모토이기도 했다. 그래서 내 강의는 철저하게 쌍방향성을 지향하고 철저하게 토론수업을 지향한다.

글 쓰는 게 직업인 나 자신도 스스로 글을 잘 쓴다고 생각해본 적이 없다. 그러니 내가 누군가에게 글쓰기를 가르친다는 건 어불성설일 수밖에 없는 거다. 하물며 적게는 10년에서 20년 이상 글쓰기와 담을 쌓고 지냈던 분들에게 좋은 글을 쓰라고 강요하는 건 연목구어일 뿐이다.

중요한 건 좋은 글이 아니라 좀 서툴고 어설퍼 보여도 진심이 담긴 글을 쓰려는 노력이다. 결과를 논하기 전에 그 과정 혹은 노력을 가치 있게 생각해야 한다는 게 내 생각이었다. 그래서 나는 과제 감평을 철저하게 한다. 비록 완성이 안 되거나 도저히 공개할 수 없을 만큼 엉성

한 글일지라도 일단은 썼다는 게 중요하고 쓴 글을 다시 고치는 과정을 통해 비로소 올바른 글을 쓸 수 있게 된다는 지론 때문이었다.

그렇게 해서 거둔 과제는 철저하게 '집단 감평'을 한다. 생활고와 실존적 고민에 휩싸인 분들이 쓴 글을 나 혼자 일방적으로 맞고 틀리고, 잘 쓰고 못잘 쓰고를 가릴 수 없기 때문이다. 그래서 일단 제출된 글에 대해서는 함께 돌려 읽으며 각자의 느낌을 솔직하게 말하게 한다. 그런 얘기 속에서 자연스럽게 잘 된 표현과 고쳐야 할 부분을 함께 찾아나가는 것, 그것이 바로 내가 원하고 지향하는 수업이다.

집단 감평은 때로 글을 쓰는 것 이상의 효과를 거두기도 한다. 각 개인의 글 속에 배어있는 다양한 생각과 현실을 알게 됨으로써 비로소 서로의 상처와 아픔에 공감하며 동료의식을 키울 수 있기 때문이다. 그것은 또한 성프란시스대학이 추구하는 인문학 교육의 기본취지에도 부합한다. 수강생 상호 간에 공감대를 넓혀 새로운 관계망을 형성하게 되는 첫 걸음이기 때문이다. 그런 의미에서 내가 맡은 작문과목은 인문학 과정에서 대단히 큰 비중을 차지하는 과목인 셈이다.

강의의 방식과 상관없이 강의자로서 글쓰기의 의미와 필요성은 따로 정리해 둘 필요가 있었다. 개인적으로 오랫동안 고민해온 주제이기도 했다. 글쓰기의 의미를 제대로 설명할 수 없다면 강사 자격에 문제가 있는 것이고, 또한 설명이 지나치게 관념적이거나 비현실적이어서는 안 될 것이다. 특히 수강생들의 입장과 상황을 생각할 때 그것은 매우 중요한 문제이기도 했다.

고심 끝에 나름대로 정리해 본 인생에서 글쓰기가 갖는 의미와 필요성을 다음과 같이 정리했다.

첫째, 글쓰기를 통해 자신의 모습을 제대로 바라볼 수 있다.
둘째, 글쓰기는 책임지는 삶을 살기 위한 최소한의 노력이다.
셋째, 글쓰기는 사회생활에 필요한 의사소통의 주요한 수단이다.

첫째와 셋째는 누구나 고개를 끄떡일만한 일반적인 얘기에 다름 아닐 것이다. 특히 첫째의 경우는 노숙인 인문학에서 왜 글쓰기 과목이 필요한가에 대한 적절한 설명이라 할 수도 있다. 글쓰기를 통해 과거의 나와 현재의 나, 그리고 미래의 내 모습을 그려보는 것. 그것이 바로 인문학적 성찰의 첫걸음이 될 것은 자명한 일일 테니 말이다.

그러나 정작 내가 중요하게 생각한 건 두 번째 항목이었다. 즉 '책임지는 삶을 살기 위한 최소한의 노력'이라는 부분이다. 2주차 강의에서는 그걸 중심으로 이야기를 풀어냈다.

"살다보면 부득이 누군가와 돈거래를 하게 마련입니다. 어떻습니까? 지인에게 돈을 빌릴 경우엔 언제까지 갚겠다는 구두약속만으로 그만입니다. 하지만 금융권이나 대부업체 등에서 빌릴 경우는 다릅니다. 반드시 기록을 남기게 되는 거지요. 은행대출을 받으려면 깨알 같은 글씨가 빽빽하게 적혀있는 문서에 최소한 십여 차례 이상 사인하거나 날인을 해야 하고, 대부업체에서는 서류작성 외에 별도로 각서 혹은 차용증을 써야 하는 경우도 있습니다.

어떻습니까? 돈 약속이라는 게 지켜지지 않을 경우가 있지 않습니까. 그래서 사람이 거짓말을 하는 게 아니라 돈이 거짓말을 한다는 변명 같지 않은 변명이 있는 게 아닙니까. 앞서 예를 든 것처럼 지인과의 거래에선 기록이 남아있지 않기 때문에 돈을 갚지 못하거나 약속날짜를 지키지 못해도 상대에게 신용을 잃는 것으로 그만입니다. 최악의 경우 관계가 틀어지기도 하지만 그 이상의 어떤 위해가 가해지지는 않습니다.

금융권 혹은 대부업체와의 거래는 어떻습니까? 반드시 대가를 치러야 합니다. 신용불량자로 등재되거나 신변의 위협을 받기까지 합니다. 근거가 뭘까요? 기록 때문입니다. 기록된 것에는 반드시 대가가 따릅니다. 그게 바로 기록의 위력입니다.

역사적으로도 기록을 소중하게 여겼던 민족이 융성했습니다. 반대로 기록을 게을리 한 민족은 쉽게 망했고 역사에서 사라져버렸습니다. 개인의 삶에 있어서도 마찬가지입니다. 기록하기를, 즉 글쓰기를 소중히 여기는 사람은 그만큼 책임의식이 강한 사람으로 통합니다.

선생님들은 그동안 자기 삶을 기록하는 데 인색했습니다. 심지어는 몇 십 년 동안 글을 써보지 않았다는 분도 계십니다. 쓸 줄 몰라 못 쓴 것과 쓸 줄 알면서도 쓰지 않는 것은 다릅니다. 선생님들은 기본적으로 글을 읽고 쓸 수 있는 분들입니다. 그런데도 글을 쓰지 않는 삶을 살아왔다면 그건 바로 인생의 직무유기입니다.

다시 정리해보겠습니다. 글을 쓰는 삶을 살기로 다짐하는 것은 앞으로는 과거와 달리 책임지는 삶을 살겠다는 다짐과 결의에 다름 아닌 것입니다. 또한 글을 쓰는 것은 곧 성찰하거나 사유하는 것에 다름 아닙니다. 한 일을 되돌아보고, 할 일을 미리 계획해보는 것. 또는 내 삶의 지표가 무엇인지를 정리해보고 그간의 삶이 어떠했는지를 스스로 진단하는 것, 바로 그것으로부터 삶에 대한 새로운 자세와 각오가 만

들어지기도 합니다. 글쓰기가 얼마나 중요한 일인지 더 이상 말하는 건 사족일 뿐입니다. 저와 함께 글쓰기를 습관화하기 위해 노력해 봅시다."

대단히 위험한 발상이자 무모한 발언일 줄 안다. 어쩌면 협박으로 들릴 수도 있는 내용이었다. 논리적 개연성도 부족하고, 이치에 맞지도 않는 수준 이하의 발언이라는 비난을 받을 수도 있는 말이다. 그럼에도 불구하고 그런 발언을 했던 데는 나름의 이유가 있었다.

절박했기 때문이다. 성프란시스대학을 통해 새로운 삶을 설계해보려는 선생님들의 심정이 절박해보였고, 그 선생님들이 스스로의 노력으로 자신의 삶을 돌아볼 수 있도록 돕고 싶은 나의 마음 또한 절박했다. 선생님들의 절박성과 나의 절박성이 하루 속히 교감하기를 간절히 바랐다.

학식이 높은 교수님이었다면 그 보다 훨씬 세련된 논리로, 훨씬 설득력 있게 글쓰기의 의미와 필요성에 대해서 강의했을 것이다. 그러나 내 어설픈 강의도 전혀 효과가 없었던 건 아니었던 모양이다. 그날 내준 과제를 바로 다음 주 거뒀는데도 거의 모든 분들이 과제를 제출했다. 거기선 가슴 절절한 사연들과 안타까운 이야기들이 상당수 발견되기도 했다.

사람이, 멀쩡한 사람이 하루아침에 노숙자로 전락한다는 것, 그게 어디 그리 간단한 일이었겠나. 그 기나긴 사연의 전말을 스스로 정리해볼 엄두를 내게 하는 것, 딱 거기까지가 내 몫이라고 생각했다.

글쓰기의 힘
- 어느 노숙인의 감상문

「올드 스포트!

공지영의 〈우리들의 행복한 시간〉을 읽었습니다. 이 책을 읽는 동안 세 번이나 술을 마셨습니다. 그것은 나의 상흔을, 우리들의 상흔을, 우리 시대의 상흔을 건드렸기 때문입니다.

올드 스포트!

제가 다섯 살 때쯤, 어스름한 저녁에 마을 나들이를 나갔다가 목격한 일입니다. 어느 가난한 집에 부부 싸움이 있었습니다. 부부가 번갈아 세살 정도 되는 아이를 땅에 던졌습니다. 한쪽이 던지면 상대 쪽도 어 그래? 하면서 또 땅에 패대기쳤습니다. 물론 죽지 않을 정도이었지요. 그 일은 저에게 엄청난 공포를 주었지요. 그 아이는 동네 사람들에게도 멸시를 받았습니다.

어린 시절에 학대를 받은 사람들의 뇌는 5~10%정도 망가진다고 합니다. 그런 뇌로는 충동에 대한 조절을 할 수 없다고 합니다. 범죄를 저지르고 전과자가 되지 않는다고 해도 아내나 가족들에게 폭력을 행사한다고 합니다. 폭력이나 사랑을 받지 못한 자식들은 또 그런 부모가 되고…… 얼마나 많은 가정에서 이런 일들이 있는지 모릅니다. 우

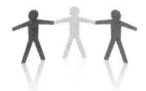

리 사회의 위대한 유산인 것입니다.

　윤수의 가난한 아버지는 술을 마시고 아내나 자식들에게 폭력을 행사합니다. 어머니는 집을 나가고 아버지는 자식들을 학대하다가 농약을 먹고 자살합니다. 동생은 길거리에서 비참하게 죽습니다. 윤수는 전과자가 되고 결국은 사형수가 됩니다. 윤수는 이렇게 말합니다. 정의나 신이 있었다면 자기의 삶이 이렇게 망가지지 않았을 것이라고. 그리고 부자들을 비난합니다.

　주인공 문유정은 사형수를 만나면서 자신의 모습을 서서히 발견해 가고 그동안 자기가 보지 못했던 사실이 아닌 진실을 깨닫기 시작합니다. 두 사람에게는 공통점이 있습니다. 두 사람 다 어머니의 사랑을 받지 못했다는 것입니다. 교수인 유정은 사회 상류층 가정에서 태어났습니다.

　유정은 시간이 얼마나 소중한지 알게 됩니다. 유정도 다시 태어났습니다. 운명의 시간은 오고 윤수는 교수형을 당합니다. 이제 삶이라는 것이 어떤 것인지 알게 되었는데 새로운 삶을 살 시간을 잃어버린 것입니다. 올드 스포트! 사형은 또 하나의 살인, 저는 반대합니다.

　올드 스포트!

　옛날의 고통이 새로운 고통으로 상쇄가 됩니까? 유정은 윤수에 대한 고통으로 괴로워합니다. 윤수는 그에게 한 가지 큰 선물을 주고 갔습니다. 그녀가 다시는 스스로 이 지상을 떠날 결심을 할 수 없다는 것입니다. 유정은 그 슬픔의 힘을 옮겨서 새 희망의 정수박이에 들이붓겠지요.」

첫 과제에서 발견한 글이다. 공지영의 소설〈우리들의 행복한 시간〉을 읽고 감상문을 써오는 과제였다. 나 자신 서평쓰기를 직업처럼 하고 있지만 이토록 절절하고 감동적인 리뷰를 써본 기억이 없다. 그런데 성프란시스대학 수강생 선생님이 이토록 훌륭한 글을 써낸 것이다. 처음 읽었을 때는 나 자신이 부끄러웠다. 두 번째 읽었을 때는 그저 망연할 따름이었다. 세 번째에는 결국 눈물을 흘리고 말았다.

읽고 또 읽었다. 그리고 마침내 발견했다. 가늠하기 힘들 만큼 깊디 깊은 슬픔과 분노와 애절함을……. 이 글을 쓴 선생님은 소설을 단지 소설로서 읽은 게 아닌 듯했다. 소설의 한 줄 한 줄, 한 장 한 장을 온몸으로 받아들인 듯했다. 그의 가슴 어딘가에 조용히 웅크리고 있던 유년시절의 상처와 회한이 마치 작가를 비웃기라도 하듯 소설의 내용을 치받고 올라와 용솟음치다 지 풀에 주저앉고 말았다. 단순한 감상문이 아니라 심장의 울림이었고, 잠재했던 울분과 분노의 표출이었다.

삶의 경험으로 길어 올린 감동적인 글

관념으로 꾸민 글은 멋스럽지만 여운이 없다. 반면 구체적인 삶의 경험을 통해 길어 올린 글은 자연스럽게 공감을 불러일으킨다. 모름지기 글이란 이런 것이어야 한다고 새삼 생각했다.

감동은 그뿐이 아니었다. 이 한편의 감상문으로 인해 다양한 일들이 벌어지게 된다. 그야말로 글의 힘이고, 글쓰기의 위력인 셈이다. 모 인터넷사이트에 올려둔 위의 감상문이 작가 공지영 씨에게 전달이 되었

던 모양이다. 출판사 쪽에서 먼저 연락이 왔다. 결국 공지영씨의 성프란시스대학 특강이 성사되었다.

토론하다
멱살잡이까지 갔던 사연

　대학시절 소위 '운동'이라는 걸 했다. 학생회장을 했다든지 지하써 클에 가입했던 건 아니었지만 딴엔 열심히 했다고 자부하는 편이다. 학회를 통해 공부했고, 집회에도 열심히 쫓아다니면서 말이다.
　내게 운동의 1차 동기는 가난이었다. 가난이 단지 부모를 잘못 만난 탓은 아니라는 걸 알게 해준 건 야학교사들이었고, 개인적 불운이나 무능 탓이 아니라 사회구조의 문제라는 걸 알려준 건 대학시절 읽었던 사회과학류의 서적들이었다. 그런 궤적들이 2차 동기였던 셈이다.
　근래 노숙인, 자활참여자, 교도소 수용자 등 소위 소외계층을 위한 인문학 강좌에 참여하면서 새삼 확인한 게 있다. 가난한 사람들이라고 해서 저절로 반사회적이거나 저항적인 의식을 갖고 있는 건 아니라는 사실 말이다.
　오히려 그 반대였다. 가난한 사람들은 더 보수적이고, 더 체제순응적인 성향을 가지고 있었다. 가난이라는 1차 동기에 더해 학습과 사유라는 2차 동기가 없었기 때문일 터였다. 고분고분하지 않으면, 그나마 최소한으로 주어진 삶의 여건이 무너져내릴 것 같은 두려움에 떨면서 현실에 안주하길 바라고 있었다.

　단지 경제적 조건만으로 계층의 의식을 예단하는 건 무리라는 걸 새삼 확인한 셈이었다. 사람의 의식을 결정짓는 건 단지 삶의 조건만이 아니라 끊임없는 학습을 통해 서서히 변화한다는 것도 알게 되었다. 그런 의미에서 가난한 사람들의 의식을 무리하게 특정한 방향으로 몰아세우는 건 어리석은 일이다.

　프랑스의 사회학자 피에르 부르디외는 왜 노동자들이 선거에서 노동자당에 투표하지 않고 보수당에 표를 주는지를 묻고 있다. 묻기만 하는 게 아니라 스스로 답하기도 한다. 노동자들은 그들의 문화를 갖지 못했기 때문이라는 게 부르디외의 진단이다. 부르디외가 말하는 문화는 부자들이 향수하는 고급한 문화를 말하는 게 아니다. 그들의 언어로 표현된 문화, 즉 가난한 사람들이 스스로 만들어 내는 문화를 말하는 거다.

　지금 도처에서 진행하고 있는 소외계층을 위한 인문학 강의가 부르디외의 물음에 대한 답이 되고 있는 건지 모르겠다. 다만 지속적으로 대화하는 과정 속에서 서로의 언어에 교감하는 지점이 있을 거라는 믿음을 갖고 있을 뿐이다.

　인문학 강의에 참여한 분들의 성향만을 분석해 보면 그들은 분명 진보보다는 보수에, 저항적이기보다는 체제 순응적 의식을 가진 게 확실해 보였다. 그 이유가 뭘까?

　물론 모든 사안에서 일관되게 보수적인 의식을 드러내는 건 아니다. 사안에 따라 보수적이기도, 의외로 진보적인 성향을 보이기도 한다. 결국 가난한 사람들 혹은 배움이 짧은 사람들에게서 공통적으로 발견되는 건 일관되지 않은 의식, 그러니까 사안에 따라 혹은 현실적 필요에 따라 언제든지 보수와 진보의 경계를 넘나들 수 있는 자유로움이 었던 셈이다. 결론적으로 가난한 사람들은 온전히 보수적이지도 온전히 진보적이지도 않으며 단지 현실적이고, 현실적인 문제에 민감하게 반응하고 있을 뿐이었다.

그게 무슨 문제냐고 하면 할 말은 없다. 다만 가진 자들의 성향이랄 수 있는 보수적 성향을 갖지 못한 사람들에게서 발견하는 것이 의아하기도 하고 해서 잠시 언급한 것에 불과하다.

공지영의 소설〈우리들의 행복한 시간〉을 읽고 사형제도에 관한 토론을 벌였을 때 노숙인들이 얼마나 보수적인 생각에 사로잡혀 있는지를 알게 되었다. 또한 안양교도소에서 진행했던 인문학 강좌에서도 같은 것을 발견할 수 있었다. 뜻밖에도 그분들은 대단히 보수적인 사고방식을 가졌으며 그것을 지키기 위해 거의 맹목적인 반응을 보이기까지 했다.

앞서 소개했던 감동적인 감상문 덕분에 작가 공지영의 특강으로 이어지기도 했다. 한 가지 더 말할 게 있다면 소설 속 주인공이 사형수였다는 데에 착안해서 사형제도에 관한 토론회를 가졌다는 것쯤이다.

토론은 자연스럽게 이루어졌다. 아무런 전제와 사전설명 없이 사형제도에 대한 선생님들의 날것 그대로의 생각을 들 수 있는 기회를 갖게 된 것이었다. 우선 거수를 통해 찬반을 확인해 봤다. 결과는 엇비슷하게 나왔다.

자, 이제 토론회로 들어가 보자. 강의자인 나는 주제에 대한 선입견을 주지 않기 위해 아무런 말을 하지 않았다. 그야말로 난상토론을 벌이기로 했다. 먼저 의견을 개진한 분은 폐지론을 옹호하는 분이었다.

"소설 속 윤수는 엄밀하게 말하면 누명을 쓴 것이나 마찬가지입니다. 자기가 하지 않은 범죄까지 뒤집어쓰고 사형수가 되었으니 마땅히 윤수는 사형집행을 당해서는 안 됩니다. 마찬가지로 완전하지 못한 법으로 인해 억울하게 죽어야 하는 사람이 있을 수 있습니다. 그래서 사형제도는 폐지되어야 합니다."

일목요연하고 매끄러운 의견개진이었다. 그러나 그에 대한 반론 또한 만만치 않았다.

"소설의 주인공 입장을 생각하면 당연히 억울해 보입니다. 그러나 유영철과 같은 연쇄살인범을 보더라도 사람의 탈을 쓴 동물들이 많습니다. 그런 인간들과 함께 산다는 건 많은 사람들을 공포에 떨게 하는 일입니다. 설사 그가 감옥에 갇혀 있다 해도 불안하긴 마찬가지입니다. 사형제도는 존재해야 하고 더 강화되어야 합니다."

팽팽하게 맞선 두 의견이 나온 뒤 잠시 소강상태에 빠져들었다. 아무도 손을 들고 의견을 말하려 하지 않았다. 할 수 없이 내가 나서야 했다.

"여러분, 오늘 하는 토론은 단지 사형제도에 대한 의견만을 알아보기 위한 것이 아닙니다. 살다보면 때로 자신의 의견을 말해야 할 경우가 왕왕 있습니다. 잘하면 득이 되지만 못하면 불이익을 당할 수도 있습니다. 사형제도에 대한 관심이 많아서가 아니라 지금이 바로 내 의견을 말해야 할 때라고 생각하고 편안하게 말씀해주십시오. 저는 저대로 여러분의 의견개진의 방법이나 언변 등 살필 게 있습니다."

그 정도로 얘기해도 토론은 역시 활성화되지 않았다. 그저 멀뚱멀뚱 강의자를 응시하고 있을 뿐이었다. 그때였다. 평소 말수가 적었던 모 선생님이 손을 듦과 동시에 의견을 펴기 시작했다.

"사형제도 무조건 유지해야 합니다. 세상에는 나쁜 놈이 많습니다. 심지어는 우리 주변에도 있습니다. 여기도 있습니다. 피차 없는 처지인데도 늘 담배를 빌려달라고 하는 사람이 있습니다. 그런 사람 보면 사형시키고 싶을 때가 있습니다. 그러니 사람을 죽인 살인범은 마땅히 죽여야 하는 겁니다."

말이 끝나기 무섭게 두 세 분이 동시에 손을 들었다. 그 중 한 분에게 먼저 말할 기회를 줬다.

"토론의 기본 예의라는 게 있습니다. 서로 존중해야 합니다. 여기도 나쁜 사람이 있다고 말하는 건 예의가 아닙니다. 시정할 필요가 있습니다. 그리고 사형제도와 담배 빌리는 게 무슨 상관입니까. 공짜 담배 피웠다고 사형시킨다면 이 세상에 살아남을 사람 아무도 없을 겁니다."

먼저 담배 발언을 했던 분이 내 호명을 무시한 채 쏜살같이 일어서

말을 받았다.

"저 분이 과연 예의를 말할 자격이 있는지 모르겠습니다. 나이도 어리면서 아무한테나 말을 놓고……. 아무리 노숙생활하다 만난 사이지만 정말 예의가 필요합니다. 먼저 자신을 돌아봐야 합니다."

이쯤 진정시킬 필요가 있다고 판단했다. 얼추 시간도 한 시간이 흘러가 있었다.

"자자……. 진정들 하시고 잠시 쉬었다 하겠습니다. 10분 정도 쉬신 뒤 다시 토론을 이어가도록 하겠습니다. 화장실 다녀오실 분은 다녀오시고……."

10분이 훨씬 지나서야 다시 강의실에 모일 수 있었다. 그런데 이상했다. 두 자리가 비어있었다. 어디 가셨냐고 물었더니 아무도 대답을 안 해준다. 하는 수 없이 두 분을 찾으러 밖으로 나가봤다. 아뿔싸, 멱살잡이 일보직전이었다. 전 시간에 번갈아 의견을 개진했던 두 분이었다. 상기된 표정으로 서로를 노려보고 있었다. 입에선 어느새 육두문자가 튀어나오고 있는 형국이었다. 두 분 사이를 가로질러 양쪽으로 밀친 뒤 말을 꺼냈다.

"왜들 이러시는 거예요?"

이어진 시간에도 토론은 제대로 진행되지 못했다. 오히려 앞 시간보다 더 엉망이었다. 아예 모두가 말문을 닫은 듯했다. 하는 수 없이 내가 나서 사형제도에 관한 일반적인 주장들을 소개한 뒤 강의를 마칠 수밖에 없었다.

토론을 할 마음의 준비가 덜 된 상태였던 것이었다. 섣불리 욕심을 냈던 게 화근이었다. 결국 강의 후 식당으로 향하며 멱살잡이 직전까지 갔던 두 분을 화해시키는데 주력했다. 다행이 큰 오해는 아니었다면서 웃으며 함께 걸었다.

거울효과, 노숙인들이 서로를 미워하는 이유

알고 지내는 사람 중에 고위 공직자가 한명 있었다. 2005년 당시 차관급 공직자였던 그에게 성프란시스대학의 특강을 제의했다. 딴엔 의도가 있는 제의였는데 보기 좋게 퇴짜를 맞고 말았다. 특강을 하고 안 하고를 떠나 그 분의 거절사유가 두고두고 머릿속을 맴돌았다. 그는 특강 대신 소위 '밥 퍼' 봉사를 하고 싶다고 했다. 인문학을 잘 몰라서라고 했지만 진심은 뒤에 따라 온 말에 담겨 있는 듯했다.

"솔직히 노숙자들이 왜 인문학을 공부해야 하는지 모르겠습니다. 처음엔 지켜보는 사람들이 있고, 혹시 생기는 게 있을까 싶어서 참여했겠지만, 끝까지 마치는 사람은 거의 없을 겁니다. 지금 강의 시작한 지 얼마나 됐습니까, 벌써 떨어져 나간 사람들이 많지요? 그러니 저는 형식적인 인문학 강좌에 나가 특강하는 것보다는 더 많은 노숙자에게 식사나 한 끼 제공하는 게 더 나을 것 같습니다."

비록 전화로 나눈 대화였지만 딴엔 진지하게 말하고 있다는 걸 느낄 수 있었다. 그의 말은 새삼 노숙인에 대한 사회적 편견과 인문학에 대한 오해가 얼마나 뿌리 깊게 박혀 있는지를 확인시킨다. 강의 대신 배식봉사를 하겠다는 말은 단지 유행을 좇겠다는 투로 들렸을 뿐이었다. 그에게 부러 배식봉사 기회를 주선하지는 않았다. 할 마음만 있다면 언제든 어디서든 할 수 있는 일이었으니 굳이 그럴 필요가 없어서였다.

그의 말마따나 노숙인들이 인문학을 공부한다고 하면 대부분의 사람들은 비슷한 반응을 보인다. 취지는 좋은 것 같지만 솔직히 노숙인들이 인문학을 왜 공부해야 하는지 모르겠고 차라리 공부를 시키려면 자격증을 따게 하거나 취업에 도움이 되는 기술교육을 시키는 게 맞지 않느냐는 말을 덧붙이는 것도 거지반 비슷하다.

인문학보다 자격증이나 기술교육이 더 현실적인 게 아닌가.

사실 나 역시 노숙인 인문학 과정에 의구심을 가졌었다. 그러나 강의에 참여하면서 그게 잘못된 생각이었다는 걸 알게 되었다. 겉으로 보는 노숙인과 강의실에서 맞닥뜨린 노숙인의 실체는 완전히 딴 판이었다. 그런 차이를 발견하는 데는 그리 긴 시간이 걸리지 않는다. 단 한 번만이라도 노숙인 인문학 과정에 참여해보면 누구나 발견할 수 있다. 그 차이를 알고 나면 앞서 소개한 지인의 독설은 발붙일 곳이 없다. 강의실을 전면 개방할 수 없는 게 안타까울 뿐이다.

물론 사람들이 우려하는 일이 벌어지지 않는 것은 아니다. 오히려 걱정 했던 것 이상으로 심각한 문제가 발생하기도 한다. 그러나 이해

하려고 들면 충분히 수긍이 가는 일이다. 여러 사람이 모인 곳이면 어디서나 일어날 수 있는 일. 문제는 그것을 어떤 관점에서 보고 어떻게 이해하느냐에 달린 셈이다.

학기 초 선생님들에게 질문을 던진 적이 있다. 생뚱맞게도 "인문학은 뭐라고 생각하십니까?"하고. 정답이 있을 리 없고, 정답을 기대하면서 던진 질문도 아니었다. 그러나 손을 들고 대답하는 사람이 있었다.

"인문학은 역사, 문학, 철학 등을 통해 삶의 의미를 깨우치는 학문입니다."

어쩌면 모범답안일 수 있는 대답이었다. 그러나 내 질문의 의도는 그런 것이 아니었다. 인문학 일반에 대한 형식적 규정이 아니라 노숙인 선생님들이 받아들이는 인문학의 인상이랄까, 인문학 과정에 참여하면서 느낀 점이랄까, 내 질문의 의도는 그랬다. 그러나 더 이상 아무도 대답하지 않았다. 답답할 따름이었다. 매 강의 시간 그런 질문을 던져보지만 돌아오는 건 대답이 아니라 웃지 못 할 해프닝들이었다. 강의실에서 벌어지는 진풍경들을 보면서 노숙인 선생님들이 인문학을 어떻게 받아들이고 있는지를 내 나름대로 가늠할 수밖에 없었다.

과정을 진행하면서 발견한 것이 있다. 대체로 인문학 공부에 참여한 분들이 서로 친하게 지내지 않는다는 사실. 서로 힘든 처지인 줄을 알고 함께 공부하는 동료로서 친하게 지낼 만도 한데 정작은 전혀 그렇지가 못하다. 틈만 나면 서로 헐뜯고 비난하느라 여념이 없다. 대체 왜 그럴까? 강의 후 뒤풀이 시간에 연세 지긋하신 분에게 따로 그 이유를 물어봤다. 그 분의 대답은 단순하면서도 핵심을 찌르고 있었다.

"일종의 거울효과입니다. 보기 싫은 내 모습을 다른 사람을 통해 보게 되는 거지요. 그러니 밉고 싫은 겁니다. 그 사람이 아니라 바로 자기 자신이 미운 겁니다. 좀 못난 모습을 보거나 헛소리를 하는 모습을 볼 때마다 짜증스럽고 미운 겁니다. 좀 제대로 하면 안 되나, 부끄러운 줄을 알아야지 하면서……. 그게 누구한테 하는 핀잔이겠습니까. 바로 자신한테 하는 것이지요."

이런 일도 있었다. 수강생 한 분이 술을 마시고 강의실에 들어왔을 때였다. 참고로 대학의 운영원칙은 음주자는 강의실에 들어오지 못하게 돼 있었다. 정작 앞에서 강의하는 나는 그 분의 음주 사실을 알지 못했다. 그런데 어디선가 난데없이 욕지기가 터져 나왔다.

"너 같은 놈 때문에 우리가 욕먹는 거야. 술 먹은 놈이 강의실엔 왜 들어와. 당장 나가!"

한 사람이 욕을 하자 여기저기서 비난과 욕설이 터져 나왔다. 듣고 있던 나는 오히려 술을 마신 분이 안쓰러워 그만들 하라고 만류했다. 그러나 상황은 이미 걷잡을 수 없이 진행됐다. 내 생각엔 그렇게 욕을 퍼부을 만큼 많이 마신 것도 아닌 것 같았지만 수강생들은 여지없었다. 결국 그분은 동료들의 비난을 견디지 못하고 강의실에서 쫓겨나

고 말았다.

올해부터 시작한 교도소 수용자들을 대상으로 하는 인문학 강좌에 참여하면서도 그와 비슷한 얘길 들을 수 있었다. 인문학 수업을 듣는 한 수용자의 설명이다.

"보통의 범죄자들은 크게 두 번의 심판을 받습니다. 법정에선 이미 받았고, 교도소에 수감되면 동료들에게 한 번 더 받습니다. 사실 두 번째가 더 견디기 힘듭니다. 일단 사람을 직접적이고 육체적으로 괴롭히는 방식이기 때문입니다. 소위 신고식이라는 건데, 그 나름 의미가 있습니다. 죄를 지었으니 죗값을 받으라는 겁니다. 법정에서 말고 선배들에게……."

도대체 그게 말이나 되는 건지 모르겠지만 아무튼 그게 교도소 내에선 상식으로 통하는 일이라고 한다. 다시 한 번 성프란시스대학 1기에 공부했던 연세 지긋했던 분의 말을 떠올렸다. 그 역시 미움의 표출이었고 폭발이었다. 나이 들어 젊은 교수 앞에서 추한 꼴을 보이는 게 싫었고, 죄지은 주제에 편하게 징역사는 걸 못 보겠다는 심사였던 것이다.

술 마신 걸 보면서 수강생들 대부분은 술에 취해 천덕꾸러기처럼 굴고 있는 노숙인 일반의 이미지를 떠올렸을 것이다. 그게 미웠고, 한때 그 속에 속해 있던 자기 자신이 미웠을 것이었다. 그래서 잔혹할 정도로 욕을 퍼붓고 말았던 것이리라.

강의 중 그런 광경을 목격할 때마다 나는 코끝이 찡해지곤 했다. 속으로 몇 번이고 같은 말을 되뇌면서 안타까워했다. 그만 거두어야 할 텐데. 그만 두어야 할 텐데. 제발, 자기 자신에 대한 미움과 혐오를 거둬들여야 할 텐데. 그렇지 않고서는 절대로 자기 삶의 주체가 될 수 없을 텐데.

자기비하에 다름 아니었다. 그것은 자기를 낮추는 겸손함과는 다른 것이었다. 언제쯤 자기애自己愛를 회복하고, 자존감을 되찾을 수 있을지……. 강의실에서 동료에게 욕을 퍼붓는 식으로 표출되는 자기학대의 모습을 볼 때마다 안타까움을 넘어 슬픔에 휩싸이곤 했다. 성프란시스대학 1기 과정 내내 나의 안타까움과 슬픔은 이어졌고, 결국은 그게 원인이 되어 참기 힘든 흉통을 앓기 시작했다.

인문학 과정에 참여하는 노숙인들은 크게 두 부류로 분류된다. 한 부류는 소위 IMF의 후과로 노숙의 길로 들어선 분들이다. 대개는 직장생활을 하다 실직했거나 사업을 하다 부도를 낸 경우다. 이 분들은 대체로 자활에의 의지를 강하게 표출하곤 한다.

두 번째 부류는 애초 거리에서 생활해오던 분들이다. 이 분들은 IMF 이전에도 이후에도 여전히 거리의 삶을 살고 있을 뿐이다. 간혹 강의실에서 문제를 일으키는 건 두 번째 부류의 사람들이다. 폭력적인 습성이 몸에 배어있는 데다 참을성이 부족해 주변 분들과 자주 다투고 강의에 대한 집중도도 비교적 떨어지는 편이다. 그러나 이 분들에게도 장점은 있다. 정에 굶주려서 그런지 특히 신부님(학장)이나 교수, 김자옥 간사의 말을 잘 듣는다. 시쳇말로 충성도가 높다고 할 수 있다. 그러나 부족한 사회성으로 인해 전체 수업분위기를 그르치는 언행으

로 문제를 일으키곤 한다. 앞서 소개했던 토론 중 멱살잡이 사건도 이 부류 수강생 간의 충돌이었다.

　반면 첫 번째 부류의 선생님들은 매사 신중하고 조용하다. 강의에 집중하려는 의지도 강하고 학습능력도 뛰어나다. 다만 지나치게 고민이 많아 마음을 잘 열지 않는 것이 흠이라면 흠이다. 또한 과거 잘 나갔을 때의 향수에 젖어 있는 경우도 있다. 때때로 호가호위하기도 하고 과거의 삶을 과대포장하는 등 지나친 과시욕에 사로잡혀 끝없이 허풍을 늘어놓는 경우도 있다. 그럴 때는 어김없이 주위의 빈축을 사곤 한다. 그러나 가족문제나 빚(부채)과 관련된 얘기가 나오면 한없이 밑으로 꺼져서 도무지 회복하기 힘든 상태로까지 치닫는 경우도 있다.

　이렇게 전혀 다른 경험과 정서를 가진 두 부류가 한데모여 옥신각신하며 색다른 분위기를 만들어가는 곳이 바로 성프란시스대학이다. 그래서 바람 잘 날이 없다. 아예 관심을 갖지 않으면 모를까, 섣불리 덤벼들었다간 본전도 못 건지기 십상이다.

기쁨과 슬픔이 교직하는 노숙인과 함께 하는 삶

지난주 토요일 반가운 소식이 왔다. 한동안 연락이 없던 성프란시스 대학의 1기 졸업생 이병돈 선생님에게서 연락이 온 것이다. 올 초 통화할 때만해도 "일감이 줄어든 데다 화물연대 파업까지 겹쳐서 손을 놓고 있다"고 했던 터라 내심 걱정하고 있었는데, 이번엔 한결 밝아진 목소리로 오히려 내 안부를 물어오셨다. 날 추운데 건강 유의하시라고.

오랜만에 통화한 후 서로 안부를 확인한 것만으로도 반가운 일이건만 이 선생은 잊지 않고 내게 선물까지 주면서 전화를 끊으셨다. 내 통장으로 30만원을 넣었으니 그리 알고 쓰시라는…….

얼핏 오해를 살 수도 있겠다. 노숙인을 대상으로 인문학 강의한다더니 그 분들한테도 촌지를 받아먹는 사람인가 하는. 그러나 설마 그럴 리가 있겠는가. 얘긴즉, 화물차를 운전하는 그분은 일이 생길 때마다 수시로 내게 전화를 걸어 5만원, 10만원, 또 5만원 등을 부쳐달라고 부탁하던 분이다. 붙이고 돌려받지 못하면 나도 심통이 날 텐데, 이분은 늘 약속을 지켜 돌려주곤 했다. 그래서 부탁할 때마다 부담 없이 보내기를 반복하고 있었던 터라. 돈을 돌려받는 날엔 꿔준 돈 돌려받아서

기분이 좋은 게 아니라 그렇게 몇 푼 안 되는 돈으로나마 누군가에게 도움을 줄 수 있다는 사실, 한때 노숙인 신세였지만 지금은 어엿한 노동자가 되어서 떳떳하고 당당하게 일하면서 돈 부탁도 하고, 또 어김없이 약속을 지켜주시는 이 선생님의 달라진 모습이 내심 흐뭇하고 즐거웠던 거라.

그러던 이 선생님이 연락을 끊었던 게 6개월 이상은 되었던 듯하다. 그새 내겐 3차례에 걸쳐 20만원을 융통해 갔었는데 이번엔 아무 말 없이 연락이 끊어지고 말았던 거다. 돈이 문제가 아니라 연락이 없는 게 걱정이었고, 뭔가 잘못되기라도 해서 일자리를 잃은 건 아닌지 내심 걱정해오던 터였다. 먼저 연락하기도 좀 그랬다. 돈 때문인 걸로 오해할까 싶어서.

기분이 좋았던 건 단지 10만원 때문이 아니었다. 무엇보다 다시 일이 늘어서 바쁘게 일한다는 얘기가 반가웠고 기분 좋았다. 덤으로 얹어준 10만원은 다른 노숙인들을 위해 쓰면 그만일 것이다. 보낸 이 선생의 마음도 그러했을 것이니 말이다.

이틀 후 다시 한 통의 전화가 걸려왔다. 처음 보는 전화였는데 받아도 말을 하지 않는다. 순간 그럴 것이라 예상했는데, 역시 적중했다. 주말 갑작스런 한파가 또 얼마나 많은 거리의 사람들을 잡아챘을까를 염려하던 차에 전화기 저쪽에서 모기소리 같은 목소리가 들리기 시작했다. "최 교수님, 안녕하세요? 저 정영길입니다."

돈 5만원만 붙여달라는 전화였다. 평소 그런 부탁을 할 사람이 아니라는 걸 알고 있었기에 난 다짜고짜 무슨 일이냐고 다그쳤다. 대답은 시원찮다. 단, 5만원만 붙여주면 고맙겠다는 말을 되풀이하고 있을 뿐이었다.

그러마고 했다. 계좌를 받아 적은 뒤 인터넷뱅킹을 시작했다. 이체 금액을 누르기 전, 잠시 망설이다 5만원 대신 10만원을 꾸욱 눌렀다. 그리고 정 선생에게 연락했다. "선생님, 10만원 붙였습니다. 어서 기운 차리세요."

말이 없다. 잠시 후 어떤 소리가 들린다. 혼자 흐느끼는듯하더니 곧 울음 섞인 목소리로 변해버린다. "고맙습니다, 고맙습니다. 고맙습니다." 무선으로 들려오는 소리에 여지없이 눈물이 묻어났다. 나는 아무 말도 할 수 없었다. 그러고도 같은 번호의 전화가 두어 차례 더 걸려왔다. 역시 울음 섞인 소리다. "고맙습니다, 고맙습니다. 고맙습니다."를 반복하는.

아, 돈 10만원에, 아니 5만원이 사람을 울린다. 자존심이 상했을지 모른다. 공연히 10만원을 붙였는지 모른다, 그냥 5만원만 붙일 것을. 아니다. 눈물의 의미는 그게 아니다. 뭔가 다른 것이 있을 것이다. 가슴 저 밑바닥에서 스멀스멀 기어오르는……

덩달아 눈물이 날 뻔했다. 액수가 다르고 상황이 다를 뿐 근래 내 생활이 그러하다. '빅이슈'(한국판) 만든답시고, 생업 포기한지 오래다. 아내만 생고생이다. 벌써 1년 가까이다. 요사이 친구, 후배 할 것 없이 손을 내밀어 본다. 더 이상 버티기 힘들다. 와중에 한쪽에선 또 내게 손을 내민다. 외면할 수 없다. 생존의 문제이고 생계선상의 문제니까. 진퇴양난이다.

한 달 여 일하고 고작 20여 만 원을 손에 쥔 여성쉼터의 그 분은 간신히 간병인 활동을 할 수 있게 되었단다. 다행이다. 못 받은 돈은 깨끗

이 잊기로 했다며 내게 더 이상 걱정하지 말란다. 안타깝지만 어찌할 수 없는 일이다. 배워야 할지 모른다. 털고 일어서는 결단력.

  2008년이 저물어간다. 달력은 이제 달랑 한 장만을 남겼다. 그 한 장이 버겁다. 아무것도 이루지 못하고 또 다른 해를 맞이하는 일이 두렵다. 당장 이번 주말의 추위가 걱정이다. 서울역과 영등포, 중림동과 회현동, 신당동과 종묘 그 어딘가에서 추위에 떨고 있을 수많은 정 선생들이 걱정이다. 쭈그려 앉아 담배 피우며 기다려본다. 이 선생님의 전화를. "최 교수님, 소주 한잔 하시죠."
  해 저물어 다시 어깨에 가방을 메고 집을 나선다, 먹을 것 없는 사람들의 마을로. 가방에 든 게 희망이라 믿으며……

얼 쇼리스와 함께 시작한 2학기 강의

지난주 매우 소중한 외국인 한 분이 우리나라를, 그리고 우리 성프란시스대학을 방문해주셨다. '얼 쇼리스'라는 분이다. 얼 쇼리스는 '클레멘트 코스(가난한 자를 위한 인문학 과정)'의 창시자이다. 그리고 성프란스시대학 인문학 강좌는 '클레멘트 코스'를 벤치마킹해서 만든 것이다. 얼 쇼리스가 클레멘트 코스를 개설하게 된 데는 특별한 동기가 있었다고 한다. 1995년, 그러니까 꼭 11년 전 빈곤문제와 관련한 글을 쓰기 위해 뉴욕의 한 교도소에서 수감자를 취재하던 그는 살인사건에 연루돼 8년째 복역 중인 여죄수에게 물었다. "사람들이 왜 가난하다고 생각하느냐"하고. 쇼리스의 질문에 20대의 여죄수는 의미심장한 대답을 내놓았다. "우리가 가난한 건 정신적 삶이 없기 때문이다."라고. 의외의 대답에 놀란 쇼리스는 "정신적 삶이 대체 무엇이냐?"고 되묻게 된다. 그러자 여죄수는 기다렸다는 듯이 "저기 저 곳에 있는 극장과 연주회, 박물관, 강연 같은 것이다."라고 대답했다고 한다. 거기서 얼 쇼리스는 하나의 깨달음을 얻었다. 그것은 가난문제에 대한 새로운 깨달음이었다. 가난한 이들에게 필요한 건 물질적 충족일 것이라고 생각해오던 그에게 여죄수의 엉뚱한 대답은 뜻밖의 가르

침으로 다가왔던 것이다. 그렇다. 그들에게 빵과 잠자리가 필요한 건 당연하다. 하지만 그것만으로 가난이 극복되는 건 아니다. 가난에 찌들어 가장 먼저 망가지는 건 물론 몸이다. 그러나 표 나지 않게 더욱 황폐해지는 건 바로 정신이다. 가난한 사람들의 황폐해진 정신을 추스를 수 있는 게 과연 뭘까? 그런 물음에서 출발해 얼 쇼리스가 내린 결론이 바로 인문학 교육을 통해 자존감을 회복시키는 것이었다. 그런 그의 신념에 의해 탄생한 게 바로 '클레멘트 코스'다. 1995년부터 뉴욕 인근의 노숙인, 마약중독자, 죄수 등을 대상으로 윤리철학, 예술, 역사, 논리학 등을 강의해 왔던 클레멘트 코스는 현재 전 4대륙에서 53개 코스가 개설돼, 한 해 신입생이 1200명에 이르는 규모로 커졌다. 거기에 성프란시스대학이 추가되었으니 이제 54개 코스가 된 셈이다. (재)경기문화재단 등의 후원으로 이루어진 이번 '얼 쇼리스 초청 국제세미나 및 워크숍'은 요란하지는 않았지만 꽤 의미 있는 일정으로 채워졌다. 무엇보다 말기 암 환자인데다 70세의 고령인데도 불구하고 성프란시스대학의 노숙인 학생들을 격려해야 한다는 일념으로 기꺼이 초청에 응해준 얼 쇼리스 선생의 열정에 경의를 표하고 싶다. 또한 국내에 머무는 동안 시종 가난한 자들을 위한 인문학 교육의 필요성을 역설하는 모습과 실제의 풍부한 경험에서 우러나오는 다양한 조언들은 두고두고 가슴에 새겨야 할 것들이라고 생각한다. 이 기간에 그가 강조했던 것을 간단하게 정리하면 다음과 같다. 우선, 가난한 이들의 정신이 메말랐을 것이라는 편견을 버리라는 것이다. 그들이야말로 창의적이며 맑은 사고를 하는 사람들이라는 점을 강조했던 것이다. 둘째, 가난 극복은 성찰적 사고로부터 온다는 신념을 역설했다. 빵과 잠자리는 당장의 문제를 해결하는 것이지만 성찰적 사고는 미래를 변화시키는 힘이 된다는 것이다. 셋째, 소크라테스의 문답식 교육의 효용을 강조했다. 우리의 실정에 맞는 새로운 방식을 개발하는 게 중요하겠지만 소크라테스의 교육철학만은 발전적으로 이어받을 필요가 있다고 생각하는 것이다. 얼 쇼리스가 준 선물은 그것만이 아니었다. 무엇보다 성프란시스대학의 모든 구성원들에게 지난 1학기를 반성적으로 돌아볼 기회를 갖게 해 준 것이 큰 의미였다. 그런 반성적 평가를 통해 보다 나은 2학기를 계획하고 실천할 전기를 마련해주었으니까. 이번 주 드디어 성프란시스대학의 2학기가 시작됐다. 개강과 더불어 주초에 노숙인 선생님들 전원(취업에 성공한 한 분은 제외, 역시 택시기사로 취업한 한 분은 직접 택시를 끌고 참석)과 교수진, 그리고 지원센터의 실무자 등 모든 구성원이 함께 MT를 다녀왔다. 운동 삼아 양평의 수종사에 오르고, 1학기 때 '책 나누는 사람들'의 도움 덕분에 함께 읽었던 〈전태일 평전〉의 기억을 되살리고자 모란공원 내에 있는 전태일 열사의 묘소를 참배하는 등 빡빡한 일정으로 채워졌던 MT였다. 물론 첫날 저녁시간에는 질펀하게 음주가무를 즐기기도 했다. MT를 다녀온 뒤 곧바로 2학기 강의가 시작됐다. 2학기에는 철학과 예술사 대신 역사와 문학 강좌가 진행되었다. 2학기 개강 첫 테이프를 끊은 역사 강의에서 교수님과 선생님들은 단군신화에 대한 새롭고도 깊이 있는 해석을 시도하며 토론과 강의를 이어갔다. 단군신화는 우리 민족의 가장 깊은 뿌리를 이루는 이야기다. 바로 거기서부터 우리 자신의 정체성과 존재감을 인식할 실마리를 찾아보자는 게 첫 강의의 취지였을 것으로 판단된다. 그렇다. 2학기는 단순히 1학기 다음에 오

는 기간이 아니다. 새로운 시작이다. 새롭게 시작하는 성프란시스대학의 2학기 강좌를 통해 우리 선생님들이 부디 자신의 정체성과 존재감에 대한 새로운 인식의 계기를 마련하기를 기원해 본다. 그게 바로 얼 쇼리스 선생이 클레멘트 코스를 만든 취지이기도 하니까.

아직 끝나지 않은 마지막 수업

우리 집 아이들은 중고 피아노가 무슨 최고급 피아노나 되는 줄로 착각한다. 피아노 사달라고 하도 졸라대기에 "나중에 중고라도 한 대 사주마." 했던 게 화근이었다. 중고 피아노를 입에 달고 다니던 큰 아이는 집에 놀러온 지 친구에게 자랑까지 늘어놓는다. "우리 아빠가 나중에 돈 많이 벌어서 중고 피아노 사준다고 했거든 부럽지?" 며칠 전엔 아내가 광고전단지를 들고 오더니 디지털 피아노가 중고 피아노보다 훨씬 싸다며 그거라도 사줘야 할 것 같단다. 이쯤 되면 더 이상 미룰 수 없는 상황이 된 건데, 문제는 아이들이 아직까지도 중고 피아노만 고집하고 있다는 거다. 중고 피아노와 디지털 피아노의 (가격)차이를 설명해봐야 이해하지 못할 게 뻔하고, 그렇다고 새삼 아빠의 무능과 가난을 고백해봐야 소용도 없을 테고, 참나 결국 결정을 유보할 수밖에 없었고, 그날 출판사 사람을 만났다. 출판계약서에 도장을 찍었고, 두어 달 후 원고 800매를 넘기기로 했다. 잘 되면 딸아이 피아노라도 사줄 수 있을지 모르지만, 역시 걱정은 그때까지 아이들 성화를 어떻게 견뎌낼까 하는 것이다. 광화문성당 세미나실을 임시 강의실로 쓰던 성프란시스대학이 드디어 다시서기 지원센터 내에 전용 강의실

을 갖게 되었다. 셋방살이를 청산하고 제 집을 갖게 된 셈인데, 새로 옮긴 강의실은 무엇보다 사용 시간에 구애받을 필요가 없다는 게 좋고, 강의 후 식사 또한 가까운 식당에서 대놓고 먹을 수 있어 금상첨화다. 지난주 1기 마지막 수업을 앞두고 지원센터 사무실에서 한 선생님을 만났다. 강의 초창기 '채널예스'를 통해 그가 쓴 공지영 소설 〈우리들의 행복한 시간〉의 감상문 일부를 소개했던 주인공이었다. 이런저런 사정으로 1기를 마치지 못했던 선생님은 2기에 재입학해 열심히 공부해 보고 싶다는 뜻을 피력했다. 시간에 맞춰 지하 강의실로 내려갔다. 예의 선생님들은 강의준비를 마치고 차분하게 앉아 계셨다. 회장 선생님의 "차렷, 경례" 구령에 맞춰 인사를 나누고 자리에 앉았다. 여느 때 같았으면 곧바로 강의를 시작했겠지만, 어제는 2학기의 마무리이자 1기의 마지막 수업인 만큼 편안하게 대화를 나누기로 했다. 먼저 지난주 있었던 〈나는 빠리의 택시운전사〉의 저자 홍세화 선생의 특강 얘기부터 나눴다. 대부분 의미 있는 강의였다는 의견을 내놓았다. 다시 한 번 똘레랑스의 의미에 대해 얘기를 나누고 싶었지만 그러지는 않았다. 그럴 겨를도 없이 질문이 쇄도했기 때문이다.

"교수님, 그동안 감사했습니다. 그런데 염치불구하고 부탁 하나 드리고 싶습니다. 저희는 졸업이 즐겁지만은 않습니다. 우선 그간 센터에서 생활하던 분들이 졸업과 동시에 잠자리를 내놓아야 합니다. 당장 갈 곳도 없는데. 어렵기는 센터 밖에서 생활하는 분들도 마찬가집니다. 강의 듣는 동안은 자활근로비가 나왔는데, 졸업하면 그것마저 끊길 테니 당장 방세를 낼 수 없고, 그러면 다시 거리노숙으로 전락할 수밖에 없습니다. 일을 하고 싶지만 일자리 구하기도 쉽지 않고, 더구나 여기 계신 분들 대부분이 건강상태가 좋지 않아 노동일은 하고 싶어도 할 수 없는 형편입니다. 그러니 제발 센터 측에 얘기해서 일자리를 구할 때까지 만이라도 숙소에서 지낼 수 있도록 도와주십시오."

이미 알고 있는 내용이었다. 선생님들에게 성프란시스대학 인문학 과정의 졸업이 갖는 의미는 남다를 수밖에 없다. 자존감을 회복했다거나 자활의지를 갖게 되었다는 등의 관념적 성취는 차치하고, 우선 생활의 변화를 걱정해야 하는 일인 것이다. 거기에 일체의 관념적 포만감이 끼어들 여지는 없다. 다만 그간 잠시 걱정을 덜었던 잠자리와 식사문제를 다시 맨바닥에서부터 고민해야 하는 상황으로 돌아가게 되는 것이다. 대학은 선생님들에게 가난하지만 자존감을 가진 사람이 되라고 가르쳤다. 그러나 이 사회 어디에도 당당한 빈자를 배려하는 곳은 없다. 어쩌면 대학은 기왕의 허기에 정신적 허기까지 얹어주었는지 모른다. 결국 마지막 수업은 그런저런 고민과 걱정과 우려와 안타까움과 아쉬움과 한숨을 공유하는 시간이 되고 말았다. 애초 준비한 계획한 수업은 각 분야별 읽을 만한 책과 읽어야만 할 책들을 소개하는 것이었다. 그러나 정작 선생님들이 요구한 것은, 그리고 내가 군말 없이 동의한 것은 읽을 만한 것이 아니라 살아내기 위한 방안을 모색하는 것이었다. 두 시간 동안 선생님들의 의견을 충분히 들었고, 내가 생각하는 대로 이런저런 의견을 내놓았지만 뚜렷한 방안이 나오지는 않았다. 요는 방을 구할 돈이 있어야 하는 것인데, 그럴 능력을 가진 사람이 아무도 없다는 거다. 논의 끝에 내린 결론은 고작 함께 노력해보자는 것이었을 뿐이었다. 몇몇 휴대폰을 가진 선생님들을 조장으로 삼아 비상연락망을 구축하기로 했다. 내 연락처를 숙지했는지 거

듭 확인했고, 이번 달 안으로 다시 논의할 기회를 갖기로 했다. 문득 끈을 놓지 말아야 한다는 생각을 했다. 무엇보다 중요한 건 끈이다. 관계의 끈, 관심의 끈, 인연의 끈, 신뢰의 끈…….

불길한 생각이 들기도 했다. 혹여 이런저런 실망감에 상처를 입고 다시 이 사회의 어두운 곳 어딘가로 꺼져버리는 선생님이 계실지도 모른다는……. 그런 불행한 일이 생겨서는 절대 안 된다. 비록 능력은 없지만 최선을 다해 선생님들에게 희망을 만들어 주어야 한다. 노력해서 안 되는 일은 없다. 괴롭고 외롭고 가난한 이들을 위해 나라도 버팀목이 돼주어야 한다. 강의실을 나올 무렵, 왕년에 잘나가던 트럼펫 연주자였던 회장 선생님이 즉석연주를 해주셨다. 어색하게 서서 트럼펫 연주를 들으며 순간 눈가에 눈물이 고이는 걸 느꼈다. 애써 닦아내지 않았다. 트럼펫 연주에 맞춰 나는 서서히 새로운 인생의 장으로 진입하고 있음을 느꼈다. 내 새로운 인생의 장에는 성프란시스대학 1기 선생님들의 밝은 웃음이 들어있었다. 그곳에서 나는 못 추는 춤을 신나게 추고 있었다. 집으로 돌아오는 길, 머리가 지끈거렸다. 몸살기가 느껴졌다. 그날도 딸아이들은 피아노 얘기를 꺼냈다. 좀 철이 들었다는 큰 아이가 대폭 양보한다는 표정으로 디지털 피아노도 좋으니까, 빨리 사주기나 하라는 아량을 내보였다. 그러나 아빠의 대답은 여전히 유보적일 수밖에 없었다. 그날, 그리고 지금까지도 내 머릿속엔 피아노가 들어올 공간이 없다. 아직 맡은 수업을 채 끝내지 못했기 때문이다. 성프란시스 대학 1기의 모든 학사 일정이 끝나고, 졸업식을 하고, 결국 선생님들이 뿔뿔이 흩어진다 해도, 나의 마지막 수업은 여전히 진행형일 수밖에 없다.

노숙인 인문학에
참여한 교수진

가끔 오해를 받곤 한다. 노숙인 인문학에 참여하고 있으니 좋은 사람일 거라는. 무리는 아니다. 결코 한 때의 치기나 감상만으로 지속하긴 힘든 일이니까. 그러나 그 이유만으로 좋은 사람 혹은 착한 사람으로 오해받는 건 부담스럽다. 그래서다. 되도록 단순하게, 가볍게 생각하려 한다.

세상에 강의하는 걸 직업으로 하는 사람은 많다. 저마다 교사, 강사, 선생님, 교수 등으로 불리면서다. 호칭은 다르지만 누군가를 위해 강의를 하고 그 대가로 강사비를 받고, 덤으로 사회적 존경까지 받는 사람들이라는 점에선 다르지 않다. 나 역시 그들 중 하나일 뿐이다.

그럼에도 불구하고 문득 스스로에게 묻곤 한다. 나는 과연 착한 사람인 걸까? 냉큼 돌아온 대답은 역시 아니올시다. 난 결코 좋은 사람도, 착한 사람도 아니다. 더구나 대학교수 소리를 들을 만큼 지적 수준이 높거나 학위가 있는 사람도 아니다. 다만 주어진 일이니 하고 있을 뿐이고, 계속 강의를 맡기니 마다하지 않고 있을 뿐이다. 무슨 거창한 신념이나 엄청난 목표의식을 가진 건 아니다.

그럼 왜 나 같은 얼치기에게 그런 강의제의가 계속 들어오는 것일

까. 두 가지 정도 추측해 본다. 우선 비교적 그 분들을 잘 이해하는 편이기 때문일 테다. 누구보다 그쪽 방면의 경험이 많다는 것 또한 주된 이유일 수 있다. 그 이상 다른 이유가 있다고 보진 않는다.

다른 교수들은 어떨까. 그들은 왜 편안한 강단과 좋은 직장을 박차거나 소중한 시간을 할애해 시쳇말도 돈도 안 되는 이 일에 나서고 있는 걸까. 그동안 교수들은 어떻게 섭외되고 어떻게 강의하고 있었을까. 그들의 강의는 대체 노숙인들에게 어떤 영향을 주고 있는 것일까. 한번 터진 질문이 봇물을 이룬다.

차차 풀어보자. 굳이 여기서 좋은 점, 잘하고 있다는 식의 식언을 하고 싶진 않다. 이미 여러 매체를 통해 노숙인 인문학 강좌에 참여하고 있는 사람들의 훌륭함(?)은 여러 차례 칭송되었던 터이기 때문이다. 그럼 된 것이다. 이미 충분한 대가를 받은 셈이다. 많다곤 볼 수 없지만 일정한 강사료를 받고 있으며, 부르디외가 얘기하는 '상징자본'도 충분히 획득하고 있으니 말이다.

여기선 그간 겪었던 일 중 개선해야 할 점, 불미스러웠던 점, 실망스러웠던 점을 위주로 얘기하려 한다. 욕먹을 각오는 이미 되어 있다. 그러기 전에 먼저 선행해야 할 것이 있을 듯하다. 연조를 살펴보는 것이다. 오늘은 우선 그간의 흐름을 소개하는 것에 머무를 듯하다. 이어 두세 차례에 걸쳐 참여 교수와 강좌내용에 대해 소개할까 한다.

애초 최초의 노숙인 인문학 강좌였던 성 프란시스 대학은 여러 사람의 관심과 지원, 헌신을 통해 탄생하게 되었다. 그 중 대표적인 사람으로 초대 학장을 맡은 임영인 신부는 따로 소개할 생각이다. 여기선 초기 멤버들 중 강의를 담당했던 교수들을 소개하려 한다.

우리 사회에 '클레멘트 코스'의 창시자 얼 쇼리스를 소개한 사람은 성공회대학교 고병헌 교수였다. 그와 동료들(임정아, 이병권)이 공동 번역한 책 '희망의 인문학'은 우리 지식사회에 커다란 충격을 준 역서였다. 소위 프레이리의 〈페다고지〉에 머물러 있던 민중교육론에 일대 전환을 맞게 한 작업이라 볼 수도 있을 것이다.

'희망의 인문학' 번역에 앞서 고병헌 교수는 광명평생학습원을 운영했던 경험을 살려 노숙인 인문학 강좌 개설의 필요성과 당위성, 이론적 근거를 마련하기도 했다. 겉으로 드러난 성프란시스대학의 산파가 임영인 신부였다면, 물밑에서 토대를 구축한 사람은 고병헌 교수라고 해야 할 것이다.

거기에 철학자 우기동 교수가 결합하면서 성프란시스대학의 기초가 다져졌다. 임영인과 고병헌이 강좌 설립의 산파였다면 우기동 교수는 실제 강좌에 참여해 강좌의 반석을 세웠다. 성프란시스대학의 첫 출발인 1기 1학기의 강좌는 세 과목으로 구성되었다. 철학 - 우기동, 예술사 - 김종길, 글쓰기 - 최준영. 이렇게 세 사람이 역사적인 노숙인 인문학 강좌의 최초 교수진을 이루었다.

한 학기가 지난 뒤 과목이 추가됐다. 철학을 대신해서 역사가 추가됐고, 예술사 대신 문학이 들어왔다. 영광스럽게도 글쓰기 강좌는 1학기에 이어 2학기에도 계속 진행됐다. 다시 2학기엔 역사 - 박한용(민족문제연구소 연구실장), 문학 - 고영직(문학평론가), 글쓰기 - 최준영(시라노작가, 도서평론가)의 라인업이 이루어졌던 것이다.

1학기가 마무리 될 무렵 클레멘트 코스의 설립자 얼 쇼리스가 전격 방한했다. 암 말기 판정을 받은 초로의 병자가 아시아의 조그만 나라

에서 자신의 유지를 받들어 홈리스 인문학이 진행되고 있는 것을 축하하고 격려하기 위해서 방문한 것이었다. 불과 1주일도 안 되는 얼 쇼리스 방한은 우리 사회에 소외계층 인문학의 의미와 성과를 알려내는 기폭제가 되기도 했다. 얼 쇼리스가 참관하는 자리에서 심포지엄을 개최하고 거기서 우기동, 김종길, 필자가 나란히 발제자로 나서기도 했다.

심포지엄은 그야말로 성황을 이루었다. 200여명의 청중이 몰렸으며, 발제 후 토론 시간엔 다양한 질문이 쏟아지기도 했다. 얼 쇼리스의 생생한 경험담도 값지고 알찬 내용이었지만 특히 청중들의 끝없는 질문들이 심포지엄의 분위기를 달구었다.

거기 청중 중에 노신사 한 분이 앉아 있었다. 노신사는 발제자는 물론 얼 쇼리스에게 연거푸 질문을 쏟아냈다. 행사 직후 노신사는 임영인 학장을 찾아, 자신도 강의에 참여하고 싶다는 의사를 표했다고 한다. 알고 보니 노신사는 대단한 사람이었다. 서울대 미학과의 김문환 교수였다.

그게 인연이 돼 다음해(3기)에 김문환 교수가 철학 교수로 전격 참여하기도 했다. 그의 제자인 서울대 미학과의 김동훈 교수가 예술사 교수로 참여하기도 했고, 중앙대의 안성찬 교수가 문학 과목을 맡아 강의하게 되었다. 교수진이 점점 강화되고 다양화되고 있었던 것이다.

그러기 전 2기부터 교수진이 대폭 물갈이 되기도 했다. 1기에 철학을 강의했던 우기동 교수가 빠지고 대신 박남희 교수가 2기의 철학을 맡았다. 역사는 여전히 박한용 교수가 맡았고, 예술사는 김찬호 교수의 문화강좌로 이름을 달리했다. 1기에 이어 유일하게 전 학기를 강의한 건 나(글쓰기)였다. 마침 글쓰기가 인문학 강좌의 핵심으로 부각되면서 자연스럽게 강의를 이어갈 수 있었던 것이다. 다른 이유도 있었다. 호칭은 교수였지만 수강생들과의 편안한 유대와 실무까지 담당하는 갈지자 행보를 보인 것이 참작되기도 했던 듯하다.

성프란시스대학의 2기 강좌가 진행될 무렵 도처에서 다양한 계층을 대상으로 하는 인문학 강좌가 속속 개설되고 있었다. 대부분 지역 자활센터에서 개설한 강좌들이었다. 서귀포자활후견기관의 제주희망대학, 관악일터나눔자활지원센터의 관악인문대학, 노원지역 임대아파트주민들을 대상으로 하는 노원성프란시스대학, 수원광역자활센터에서 개설한 수원광역 인문학강좌 등이 그것들이었다.
    강좌가 늘어난 만큼 교수들 수요도 증폭했다. 우기동 교수와 나를 비롯한 김종길, 고영직 등이 성프란시스대학의 경험을 살려 여러 곳의 강좌에 참여했고, 그 외 다양한 경험을 가진 새로운 교수들이 참여하기 시작했다.

야학교사와 학생, 동료 교수로 만나다

앞선 글에서 성프란시스대학 3기까지의 교수들 이름을 나열해 봤다. 언제나 반가운 이름들이고, 사람 좋은 웃음을 가진 분들이어서 이름을 떠올리는 것만으로도 기분이 상쾌해지곤 한다. 그중에서도 특별히 이 분을 생각할 때마다 묘한 미소를 짓게 된다.

성프란시스대학에서 1기서부터 줄곧 역사를 강의하고 있는 박한용 선생님이다. 요즘 자주 언론에 등장하는 이름이기도 하다. 오랜 세월 공을 들였던 〈친일인명사전〉 편찬 작업을 실무적으로 총괄했던 민족문제연구소의 연구실장직을 맡고 있어서다.

이 분을 굳이 선생님으로 호칭하는 데는 특별한 이유가 있다. 실제 나의 은사이기 때문이다. 인연은 27년전 야학에서 비롯됐다. 1982년 무렵 고등학교를 중퇴했던 나는 주경야독 생활을 시작했었다. 낮엔 구두공장에서 일했고, 밤엔 야학에서 검정고시 공부를 했다.

당시 고려대학교에 재학 중이던 박한용 선생님이 야학에서 역사과목을 가르치고 있었다. 그렇게 야학에서 인연을 맺은 선생님들이 십여 명은 족히 되지만 그 중 유독 기억에 남는 분이 바로 박한용 선생님이다. 워낙에 헌신적이었던 데다 문학적 감수성마저 예민해서 엉뚱하고도 애틋한 일화들을 많이 만들어낸 분이어서다. 뿐만 아니다. 때로 선생과 제자라는 신분도 망각한 채 고대 앞 막걸리 집을 주유하던 일이란……. 잊을 수 없는 추억으로 기억창고에 오롯이 담겨 있을 수밖에.

1980년대 대학생이었다면 누구나 한번쯤 야학교사 생활을 동경했을 것이다. 실제 경험했던 사람도 많을 것이다. 그러나 박한용 선생님만한 헌신성과 진정성을 가졌던 야학교사는 찾기 힘들다. 무려 7년씩이나 야학교사를 했다면, 더 이상 설명이 필요 없을 듯하다. 대학 4년을 고스란히 야학에 바쳤고, 휴학기간, 방위병 생활을 하면서도 야학을 떠나지 않았다. 한마디로 박한용의 20대는 온전히 야학과 함께 흘러갔다고 해도 과언이 아닐 것이다.

당시나 지금이나 가장 인상적이고 존경스러웠던 건 예의 박식함이었다. 늘 책을 끼고 살았고, 언제나 자신의 책을 만들어보려 발버둥치는 모습이었다. 전공인 역사분야는 물론이고, 특히 문학에 조예가 깊어서 웬만한 시집이나 소설류는 거의 꿰고 있었다고 봐야 할 터였다. 어느덧 나의 애송시가 돼버린 정희성의 '저문 강에 삽을 씻고'를 내 앞에서 처음으로 읊었던 사람도 박한용 선생이었다. 수업시간에 '로미오와 줄리엣'을 그럴싸하게 재구성해서 들려줬던 분도 그였다. 수업시간에 노래를 해달라고 보채면 쑥스럽다며 몸을 돌려 등으로 노래했던 분도 박한용이었다. 책으로 만들어지기 전 조잡한 인쇄뭉치로 돌던 '어느 청년 노동자의 삶과 죽음'(훗날 〈전태일 평전〉이 되는 조영래의 원고들)을 구해다 읽힌 분도 박한용 선생님이었다. 언제나 차비가 없다는 핑계로 야학에 남아 동료들, 학생들과 함께 밤을 지새우

던 분도 박한용이었다.

  옛날 일을 떠올리려니 공연히 감상에 젖고 말았다. 아무튼 그런 특별한 인연을 가진 그 분을 성프란시스대학의 역사 담당 교수로 모신 사람은 다름 아닌 그의 제자인 나였다.

  1학기가 끝나갈 무렵 2학기 강의구성을 해야 했는데, 핵심은 교수를 구하는 일이었다. 애초 강의하기로 했던 성공회대학교의 모 교수가 느닷없이 노숙인에게 강의한다는 게 너무 부담스러워 못하겠다고 하는 바람에 일이 꼬이기 시작했다. 2학기 개강 1주일을 앞두고도 역사 담당 교수를 구하지 못하고 있었다. 학장인 임영인 신부의 고심이 깊어가고 있었다. 그때 마침 내 머릿속에 박한용 선생님이 떠올랐다. '맞아, 이 분이라면 거절하지 않을 거야.'

  임영인 신부에게 그와의 인연을 간략하게 소개한 뒤 직접 섭외하기로 했다. 민족문제연구소의 연구실장이라는 자리는 그리 한가한 자리가 아니었다. 가뜩이나 〈친일인명사전〉 편찬사업에 매진하고 있는 터여서 시간을 내달라는 부탁을 하기가 만만치 않았다. 그러나 일단 밀어붙이기로 했다. 순전히 20여 년 전 야학교사 시절의 순수성과 헌신성에 대한 기억만으로 밀어붙인 일이었다.

  예상대로 처음엔 난색을 표했다. 시간이 없다는 거였다. 그러나 간곡한 부탁을 결국은 뿌리치지 못하고 함께 노숙인 인문학 강좌를 하게 되었다.

  야학에서 선생님과 제자로 만났던 인연이 노숙인 인문학 강좌에서 동료 교수로 재회하면서 이어지게 된 것이었다. 다음 주 바로 첫 교수회의를 했고, 그 자리에 나타난 박한용 선생님은 반가움과 부담을 표하면서도 의욕을 보이고 계셨다. 실로 오랜만에 만난 제자에게도 예의 달라지지 않은 예전 모습 그대로를 보여주었다.

"준영아, 오랜만이다. 그런데 말이다. 나 집에 갈 차비가 없어서 그러는데 돈 있으면 2만원만 주라."

초저녁에 시작했던 교수회의가 언제나 그렇듯 새벽 두시가 넘어 끝났으니 택시비가 필요했던 것이었다. 그렇기로 몇 년 만에 만난 제자에게 서슴없이 차비 좀 달라고 하는 그 뻔뻔하고도 소박한 삶을 살고 있었던 사람, 그게 바로 박한용 선생님이고, 또 그런 그를 한없이 존경할 수밖에 없는 숙명을 가진 나다.

빵보다 인문학

제3부

| 누가 더 가난한 사람인가
| 밥 대신 말씀주는 종교, 고민만 얹어주는 인문학
| 하늘을 우러러 한 점 부끄럼이 없기를
| 거리로 나온 인문학, 그러나 비겁했다
| 제발, 이런 식의 강의는 아니었으면 좋겠어요
| 어머니의 삯은 선불이 맺어준 소중한 인연들
| 국어실력이 밥 먹여 줍니다
| 우리 시대 최고의 작가들과 함께 했던 행복한 시간들
| 야학교사들에게 너무 일찍 배워버린 나눔의 의미
| 훌륭한 강의는 소통을 위한 노력에서 비롯된다
| 내 마음의 고향 야학, 그리고 시민인문학 강좌
| 내가 사랑하는 사람과 내가 사랑하는 사람들
| 노숙인 인문학은 무엇이고, 왜 하는가?

누가 더 가난한 사람인가

오늘 아침 한 통의 이메일을 받았다. 보낸 사람은 수원에 있는 경기광역자활지원센터에서 인문학과정을 담당하고 있는 실무자였다.

일주일에 한 차례씩 출연하는 생방송을 준비하고 진행하느라 오전부터 피로에 지쳐 있던 나는 그 메일을 확인하는 순간, 오전의 피로를 잊고 다시 새로운 일과에 전념할 수 있었다. 내 마음을 푸근하게 해주었던 그 메일의 내용을 정리해 보면 다음과 같다.

〈제가 급하게 교수님께 메일을 보내는 것은 다름이 아니라 22일 토요일 전체 공동프로그램에 관한 것입니다. 준비를 하면서 수해로 인해 나라가 어수선한데 우리가 야유회를 가는 것이 맞나 싶어서 조바심이 조금 났었습니다. 어제 수업을 준비하는데 몇 분이 야유회에 대해 의견을 말하더라고요. 수해로 인해 어려운 상황에 비도 온다는데 야유회를 간다는 것이 맞느냐고요.

전체의 의견은 가지 말자는 것이었습니다. (대체적인 의견은)나중에 수해상황이 조금 안정되고 나면 가자는 것이었습니다. 대부분의 의견이 지금은 야유회를 가지 않는 것이 옳다는 것이었고요. 8월에 다시 추진하자는 의견이 있었습니다.

3부. 빵보다 인문학 | 137

우리 수강생들과 (야유회)이야기를 나누면서 드는 생각은 그 분들이 참 착하다는 것이었습니다. 비오는 데 한강에서 낚시하는 분들도 있고, 이 비 와중에도 놀 사람들은 다 놀고 있는데, 그래도 어려운 사람들 생각하고 자중하자는 의견에 감사했습니다.

야유회는 다시 교수님들의 의견과 수강생들의 의견을 들어 날짜를 정하도록 하겠습니다. 좋은 의견바랍니다. 좋은 하루 되시길 바랍니다.〉

설명을 덧붙이자면, 인문학과정에 참여하는 분들 대부분은 '한 부모 가정'의 가장인 여성들이거나 겨우 노숙자 생활에서 벗어나 최저생계비에 훨씬 못 미치는 급여를 받으며 일하고 있는 가난한 사람들이다.

개인적으로는 야유회나 여름휴가를 떠날 엄두를 못내는 분들이기에 지원센터 차원에서 인문학과정 교수들과 실무자들이 힘을 합쳐 '현장학습프로그램'이라는 이름으로 조촐한 야유회를 기획 준비하고 있었던 것이다. 그러나 위의 메일에 나타난 대로 선한 마음과 남을 배려하는 마음을 가진 그 분들의 대체적인 의견이 수해를 입은 이재민들의 어려움을 생각하며 야유회를 뒤로 미루자는 것이어서, 실무자가 기꺼이 그렇게 결정을 했고, 그 내용을 함께 가기로 했던 내게 메일로 알려왔던 것이었다. 새삼 함께 인문학과정에서 강의하고 있는 모 교수가 했던 말이 떠올랐다.

"우리 수강생들, 인상이 참으로 선하지요?"

한편, 지난주 비 피해가 심각했던 와중에 경기도 고양시의 공무원들

이 비 피해 복구 작업을 서두르기는커녕 해외관광여행을 떠났다는 기사를 봤던 기억도 되살아났다. 기사에 의하면 폭우로 지하철 3호선 정발산역이 침수되는 등 피해를 입은 고양시의 공무원 20여 명이 호우피해가 발생한 와중에도 백두산관광을 떠나 아직 돌아오지 않고 있다며 시 공무원의 말을 인용 수개월 전부터 계획이 됐던 여행인 데다 중국항공사라 항공료 환불이 안 돼 어쩔 수 없었다는 변명을 늘어놓고 있다.

평일에 휴가를 내서 여행을 가는 것도 아니고, 며칠 자고 오는 것도 아니고, 단지 반나절 동안의 주말야유회를 떠나기로 계획해 놓고도 수해를 입은 이웃들을 염려하며 자중하기로 결정한 사람들과 미리 계획된 것이어서 어쩔 수 없었다며 자신의 근무지에서 발생한 수해조차 외면한 채 해외여행을 떠난 고양시 공무원들.

과연 어느 쪽이 더 가난한 사람들일까.

밥 대신 말씀주는 종교, 고민만 얹어주는 인문학

　가난한 사람들의 곁을 굳건히 지켜주는 건 정부나 일반 기업이 아니다. 역시 종교단체들이 헌신적으로 그들의 곁을 지켜주고 있다. 문제는 배고프고 헐벗은 사람들에게 워낙 많은 종교들이 경쟁적으로 관심을 갖다보니 때로 역효과를 내는 경우도 있다는 것이다.
　인문학 강의에 들어오는 김안전 씨(가명, 40대 중반)가 그런 분이었다. 어려서부터 혼자 살아온 김씨는 거리의 삶이라면 이골이 난 사람이었다. 산전수전 다 겪은 그를 딱히 노숙인이라 부르기도 뭣했다. 잠자리는 그럭저럭 해결하면서 살고 있으니 말이다.
　문제는 생활이 어떠하냐는 거다. 아무리 봐도 정상적인 생활을 하고 있다고는 보이지 않았다. 김씨의 하루 일과는 한마디로 교회와 노숙인 쉼터와 무료배식소를 전전하는 것으로 채워지고 있었다. 생기는 것 없고, 벌이가 없어도 늘 바쁘게 지내는 데는 나름의 이유와 명분이 있었던 거다. 김씨의 말을 그대로 인용하자면 이렇다.

　"하나님도 모셔야 하고, 성모님, 예수님도 챙겨야 하거든요. 이따금은 부처님을 찾아뵈어야 할 때도 있고요. 거리의 '도' 꾼들에겐 이제 관

심 없어요. 제가 그 사람들보다 더 도통한 사람인데요, 뭐."

얼핏 보기엔 자기 몸 하나 챙기기 힘들어 보이는 김씨가 왜 그토록 다양한 종교와 신을 챙기고 있는지 그 이유가 궁금했다. 사실 궁금해 하지 않았어도 어차피 이유를 들을 수밖에 없었다. 김씨가 기회 있을 때마다 얼마나 열심히 선교와 포교활동을 하던지, 혹여 옆에 다가가기라도 하는 날엔 여지없이 30분 정도는 그이의 말을 들어주어야만 한다. 안 들으면 그만 아니냐고? 물론 그렇긴 하다. 단, 그 다음주부턴 강의실에서 김씨 얼굴 보기 힘들어질 것을 각오해야 하겠지만 말이다.

그런 김씨를 보면 참으로 안타까운 생각이 들때가 많다. '저 분이 교회나 종교단체를 찾은 건 밥이나 잠자리를 얻기 위해서였을 텐데, 너무나 친절한 교회는 저분에게 너무 많은 것을 주었구나. 그렇게 받았어도 배도 마음도 넉넉해 보이진 않으니 안쓰러울 밖엔……' 그런 거다. 밥을 굶어 찾아든 부랑인, 노숙인에게 교회는 너무 많은 것을 한꺼번에 주려 하는 것이다. 그 귀중한 복음과 영성의 세례를 전하려 하시니 말이다.

한번은 서울역 광장을 지날때였다. 마침 무료배식을 하고 있었다. 길게 늘어선 줄에 행여 아는 얼굴이라도 있을까 싶어 유심히 살피게 되었는데, 마침 줄 맨 앞에서 '밥퍼' 봉사에 여념이 없는 사람의 얼굴이 보였다. 분명 천사의 얼굴이었다. 모락모락 올라오는 밥김 때문에 얼굴에 땀방울이 송글송글 맺혀 있는 모습이 어찌나 멋있어 보이던지.

문제는 그 뒤에서 마이크를 잡고 계신 분이었다. 연신 뭔가를 주문하고 있었다. 가만 들어보니 성경구절이었다. 그러려니 했다. 그런데 그걸로 끝이 아니었다. 식판에 코를 박고 있는 노숙인에게 다가가서는 어깨에 손을 얹고 기도를 하고 있는 거였다. 나 같으면 그렇게는 밥을 못먹을 것 같았다. 국인지 밥인지 모를 것을 정신없이 입으로 밀어 넣고 있는데 누군가 다가와서 어깨를 짓누르며 기도를 한다? 참 웃어야 할지, 울어야 할지…….

그 밥이 제대로 소화가 될까 염려스러웠다. 굳이 그럴 것까지 있을까 싶은 게 야속하기도 했다. 밥 한 끼 주는 건 좋지만, 그렇기로 너무 지나치게 생색을 내고 있는 아닌지, 한번쯤 생각해 봤으면 싶었다.

성프란시스대학 학장인 임영인 신부님 말씀에 따르면 그런 건 별것도 아니고 한다. 밥 한 끼씩 나눠주곤 한 시간 이상 설교를 하는 목사님도 있다는 거다. 먹기 전에 주찬양 기도, 성경구절 낭송, 찬송가 제창, 먹고 나선 다시 성경구절 강독……. 뭐겠는가, 그저 배고픈 게 죄일 뿐이지.

영등포역이나 서울역 등에 가면 쉴새 없이 '불신지옥, 심판의 날'을 외치며 돌아다니는 사람들이 있다. 성경말씀이 든 테이프를 받아가라고 강요하는 사람도 있고. 스스로 종교에 심취한 것이라면 누가 뭐래겠는가. 문제는 그런 분 중에도 노숙인 출신이 있다는 거다. 뭐랄까. 배고파 찾아간 교회에서 밥 대신 복음만 주는 바람에 배를 채운 대신 머릿속의 생각을 온통 성경말씀으로 채우게 된 것이다. 올바른 성경이기라도 하면 그나마 다행인 거지.

그게 어떠냐고? 한 끼 밥보다 더 소중한 것을 줬으니 더 감사하고 고마워해야 하는 것 아니냐고? 물론 그럴 수도 있다. 문제는 시도 때도 없이 종교 얘기로 허송하고 있는 김안전씨의 경우를 생각할 때마다 안타깝고 안쓰러운 마음이 든다는 것이다. 그러면서 자연스럽게 생각해 보

곤 한다.

혹시 인문학도?

맞다. 인문학 역시 그와 진배없기도 하다. 최소한 배를 채워주거나 고민을 해소해주는 것과는 거리가 멀다. 오히려 괴롭히는 거다. 평소엔 그냥 지나치던 것을 왜 그랬냐고 따져 묻는 게 인문학이다. 평소 괴로워서 잊고 사는 걸 굳이 기억하게 하는 것도 인문학이다. 성찰이라는 거창한 이름으로 말이다.

종교든 노숙인인문학이든 누군가의 삶에 개입한다는 측면에선 별반 다르지 않은 듯하다. 긴장해야 하고 겸손해야 하는 이유인 거다. 누가 감히 우리에게 타인의 삶에 개입할 권리를 주었겠는가. 종교야 신의 명령이라고 할 수 있겠지만 인문학은 그런 명분조차 없지 않은가. 늘 겸손하게 늘 진심으로 대해야 하는 이유가 그거인 거다.

스스로에겐 가혹하게 노숙인에겐 관대하게. 그게 모토여야 하는데 현실에선 간혹 거꾸로 실천하는 사람들이 있어 걱정이다. 자신에겐 관대하고, 상대에겐 가혹하게 대하는 것 말이다. 그러면 안 되는 건데 말이다.

하늘을 우러러
한 점 부끄럼이 없기를

관악일터자활후견기관에서 개설한 '관악인문대학'(가난한 사람들을 위한 인문학 과정)에 서 매주 문학 강의를 한다. 내 자신 문학전공자도 아니고 문학하는 사람이라고 하기도 힘든 마당에 그런 강의를 맡는 게 가당키나 한 일인지 의문스럽지만, 그러한 의문을 불식시키기 위해서라도 매 시간 노력하고 있다. 중요한 건 삶의 문학, 살아있는 문학의 의미를 체득하기 위한 수강생과 강사의 공동노력이 아니겠는가.

일찍이 피억압자에 대한 교육의 중요성을 설파했던 파울루 프레이리는 〈페다고지〉를 통해 "피억압자를 위한 교육이란 세계를 매개로 서로 교육하는 것이며, 그렇게 해서 비판적 세계관을 형성하는 것"이라고 했다. 나와 관악인문대학의 수강생들 역시 문학을 매개로 서로 교육하고, 그 기반 위에서 삶의 문학을 함께 만들고 있다.

수강생 대부분이 넉넉한 형편이 아니고, 늘 바쁘게 살고 있는 분들이어서 강의시간은 되도록 재미있고 흥미로운 주제를 선정하려 노력하고 있고, 또 그러한 주제를 통해 삶과 문학의 의미를 반추할 수 있는 기회를 만들기 위해 다양한 시도를 하고 있다. 그러나 많이 부족하다. 지금까지 이런저런 시도를 해보았지만, 솔직히 그게 과연 올바른 선택이었는지,

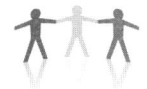

의도했던 대로 의미를 만들어내고 있는지 아직 판단이 서지 않는다.

서시

죽는 날까지 하늘을 우러러
한 점 부끄럼이 없기를
잎새에 이는 바람에도
나는 괴로워했다
별을 노래하는 마음으로
모든 죽어가는 것들을 사랑해야지
그리고 나한테 주어진 길을
걸어가야겠다.
오늘밤에도 별이 바람에 스치운다.

윤동주

이 시는 관악인문대학 수강생들이 가장 좋아하는 시다. 지난주 수강생들에게 '내 인생의 시 두 편'을 적어오라고 과제를 내주었다. 수강생 대부분이 평소 시를 읽을 기회를 갖지 못하고 있을 거라는 판단에서 새삼 시의 맛과 의미를 느끼게 하려는 의도에서 내 준 과제였다. 어느 정도 예상했던 일이었지만 수강생들이 적어 낸 시는 중·고교시절 애송했던 것들이 대부분이었다. 그도 그럴 것이 학창시절 이후 아예 시라는 것과 담을 쌓고 살아온 분들이 대부분이니 어쩔 수 없는 결과인지 모른다.

그러나 그게 어떤가. 결과보다 과정을 더 중요하게 생각했던 과제였는데 말이다. 피곤한 하루의 나머지 시간을 할애해 오랜만에 서점에 들러 서가에 꽂혀 있는 오래된 시집을 뽑아서 차마 살 엄두는 못 내고, 그 자리에 서서 그대로 읽어낼 때, 새록새록 떠오르는 과거 꿈 많던 시절에 대한 그리움, 가슴 떨리는 설렘, 그것을 겪게 한 것만으로도 과제의 소임은 다한 것이 아닐까.

아닌 게 아니라 두 편의 시를 적어오기까지의 에피소드도 다양했고, 적어 온 시들에 담긴 사연들도 참으로 재미있고 감동적이었다. 수강생 한 분은 내게 메일을 보내기도 했다.

〈첫 과제 '나의 삶'를 내주셨을 때는 일주일 동안 소설가가 된 듯 했고, 시 두 편을 적어오라는 이번 과제를 받았을 때는 일주일 동안 시인이 된 기분이었습니다. 고맙습니다. 선생님 덕분에 한 주는 소설가로 한 주는 시인으로 살 수 있었습니다.〉

아무려나 이쯤 결과를 발표할 필요가 있을 듯했다. 우리 수강생들이 가장 좋아하는 시는 윤동주의 '서시'와 천상병의 '귀천', 푸쉬킨의 '삶이 그대를 속일지라도'였다. 그 외 애송시와 시인들은 다음과 같다.

○ 좋아하는 시인: 윤동주, 이해인, 천상병, 한용운, 푸쉬킨, 김현승, 김춘수, 조지훈, 원태연, 안도현, 류시화, 괴테, 윌리엄 워즈워스 등등.

○ 좋아하는 시 : 윤동주 '서시', 천상병 '귀천', 푸쉬킨 '삶이 그대를 속일지라도', 이해인 '가난한 새의 기도', 김춘수 '꽃', 김현승 '가을의

기도', 류시화 '외눈박이 물고기의 사랑' 등등.

　나 역시 개인적으로 천상병을 좋아한다. 특히, '귀천'은 암송하고 다니기도 했던 시였는데, 마침 애송시로 선정되었으니 이곳에 옮겨본다.

귀천

나 하늘로 돌아가리라
새벽빛 와 닿으면 스러지는
이슬 더불어 손에 손을 잡고
나 하늘로 돌아가리라.
노을빛 함께 단 둘이서
기슭에서 놀다가 구름 손짓하며는
나 하늘로 돌아가리라.
아름다운 이 세상 소풍 끝내는 날,
가서, 아름다웠더라고 말하리라

천상병

　무엇보다 반가웠던 시는 푸시킨의 〈삶이 그대를 속일지라도〉였다. 강의 시간에도 그렇게 말했지만 내가 기억하는 이 시는 허름한 이발소의 액자 속에 담긴 것이었다. 보통 이발소에는 두 개쯤의 액자가 걸려 있었는데, 하나는 다산과 다복을 상징하는 돼지그림(어미돼지가 누워있고 그 옆에 아기돼지들이 젖꼭지를 주렁주렁 물고 있는 그림)이고, 그 옆에 걸려있는 또 다른 액자가 바로 푸시킨의 시다. 물론 전문이 적혀있는 건 아니고, 그저 도입부인 '삶이 그대를 속일지라도 노여워하거나 슬퍼하지 말라' 정도에 불과하지만 말이다. 그러고 보니 이 시가 이발소에만 걸려있었던 게 아니었던 모양이다. 오랜 세월 가난한 사람들의 마음 속에 소중하게 간직돼 있던 한 줄기 빛이자 위안이 아니었을까.

윤동주와 천상병, 푸시킨을 적어온 걸 보면 이번 과제는 제 나름의 소박한 의도를 넘어선 의미 있는 과제였던 듯하다. 아무것도 아닐 것 같았던 시 발표시간이 그 어떤 문학 강의보다도 더 큰 삶의 의미를 일깨워주고 있으니 말이다.

오늘 책상에 앉아 수강생들이 적어온 시를 다시금 읽으면서 이런저런 생각들을 떠올려 본다. 딱히 분석이랄 것도 없고, 감상이랄 수도 없는 상념들이 머릿속에 틈입해 떠날 줄을 모른다. 죄 많은 사람들이 득실대고 또 그들이 득세하는 현실. 그 어처구니없는 현실 속에서도 우리네 가난한 사람들은 여전히 아등바등 살기보다는 "하늘을 우러러 한 점 부끄럼 없는 삶을 살게 해달라고 기도하고 있다"는 사실. 그 안타깝고도 아픈 사실을 일깨워준다. 잊고 싶은 거다. 삶은 그저 한 순간의 꿈일 뿐이며, 그 꿈에서 깨어나는 순간 저세상으로 가서 아름다웠더라고 말하리라고 다짐하고 싶은 것이 아닐까. 그러니 혹여 삶이 기대를 저버리거나 속일지라도 노여워하거나 슬퍼하지 말라는 자기주문을 외며 살고 있는 게 아닐까 하는 거다.

그러나 그렇게 정리해버리기엔 너무 아쉽다. 뭔가 희망의 여운을 남겨야하지 않을까. 그러기 위해 인문학과정에 모여 피곤한 몸과 마음을 뒤로 하고 함께 웃고·울고·고뇌하는 것이 아니겠는가. 어느덧, 가을

은 저만치 지나가 버리고 있다.

가을의 기도

가을에는
기도하게 하소서
낙엽들이 지는 때를 기다려 내게 주신
겸허한 모국어母國語로 나를 채우게 하소서
가을에는
사랑하게 하소서
오직 한 사람을 택하게 하소서
가장 아름다운 열매를 위하여 이 비옥한
시간을 가꾸게 하소서
가을에는
호올로 있게 하소서
나의 영혼
굽이치는 바다와
백합의 골짜기를 지나
마른 나뭇가지 위에 다다른 까마귀같이.

김현승

거리로 나온 인문학,
그러나 비겁했다

　서울에서 수원까지 주로 기차를 이용해 출퇴근한다. 역마다 정차하는 지하철에 비해 시간도 적게 들고 서서 갈 일이 없기 때문이다. 문제는 배차 시간이 일정치 않다는 점, 막차가 일찍 끊긴다는 점이다.
　그날도 기차를 타기 위해 서울역으로 향하고 있었다. 서울역 건너편에서 지인과 소주잔을 기울이다 열시가 조금 넘어 귀갓길에 오른 터였다. 남대문 쪽에서 내려와 서울역을 가기 위해 지하도로 내려왔다. 지하철과 연결된 지하도가 아니라 염천교 아래쪽에 있는 지하도였다. 거긴 노숙인들이 진을 치고 있는 곳이었다. 인문학강의에 참여한 뒤론 대수롭지 않은 일이 되었지만 예전 같았으면 늦은 밤 그 지하도를 건널 생각을 하지 못했을 것이다. 두렵고 무섭고 귀찮고 유쾌하지 않은 광경들을 맞닥뜨릴 것이어서 그랬다.
　계단을 내려선 뒤 은연중 걸음에 속도가 붙고 있는 걸 느낄 수 있었다. 그렇게 지하도의 중간쯤에 도달했을 때였다. 무심결에 둘러본 중간 기둥 사이의 박스 칸막이 사이로 인상적인 광경이 눈에 들어왔다. 박스 속 노숙인이 책을 읽고 있는 장면이었다.
　굳이 다가갈 것까진 없어서 그저 걸음을 멈춘 뒤 시신경을 줌으로 늘

렸을 뿐이었다. 일단 책표지가 낯설지 않았다. 유심히 보니 〈전태일 평전〉이었다. 하얀색 책표지가 유난히 밝게 눈에 들어왔다.

그러고 보니 지난주 강의 때 〈전태일 평전〉을 나눠줬던 기억이 났다. 그렇다면? 아니나 다를까, 그 분은 성프란시스대학의 수강생이었다. 순간 멈칫할 수밖에 없었다. 솔직히 얼어붙은 기분이었다. 머릿속에선 오만가지 생각이 다 떠올랐다.

아는 척을 해야 하나 말아야 하나. 한참을 망설이다 걸음을 옮기고 말았다. 핑계는 막차였다. 그러나 솔직하게는 그 시간 그 자리에 그 분을 상대할 자신이 없었다. 도리 없이 꽁무니를 뺄 수밖에 없었다.

나는 비겁자였다. 자기 강의를 듣는 수강생을 만나놓고도 반갑게 맞기는커녕 외면하고 말았던 거였다. 왜였을까? 나는 왜 거리에서 만난 수강생을 외면했던 걸까?

그 생각이 한동안 머릿속에서 떠나지 않았다. 이윽고 다음 주 강의시간이 다가왔다. 그분 손엔 여전히 〈전태일 평전〉이 들려 있었다. 그러나 다시 외면할 수밖에 없었다. 두 시간 동안의 강의가 진행되는 동안, 그분의 얼굴을 똑바로 볼 수가 없었다. 끝내 아무 말도 못한 채 흐지부지 강의를 마칠 수밖에 없었다.

다시 일주일이 지나 서울역 앞 지하도를 찾아갔다. 이번에는 부러 그 분을 찾기 위해서였다. 만나면 고백할 요량이었다.

"사실 2주 전에도 선생님이 여기 계신 걸 봤었어요. 그땐 막차 시간 때문에 말을 걸지 못했어요. 그게 마음에 걸려서 오늘 다시 와봤어요. 책은 다 읽었나요? 우리 술이나 한잔 합시다."

그분은 온데간데없었다. 그 자리엔 다른 분이 진을 치고 있었다. 하기야 전세를 낸 것도 아니니 늘상 한 자리에 있을 수는 없겠지.

허탈한 마음으로 지하도를 빠져나올 수밖에 없었다. 여전히 불편한 마음이었지만 한편으론 자위할 무엇인가가 있다는 걸 느끼고 있었다. 기나긴 밤 한뎃잠을 자는 그 분이 책을 읽을 수 있게 된 것만도 다행스런 일이 아닐까.

거리로 나온 인문학이 아니었더라면 그 분은 그 시간 술에 의존하고 있었을 거다. 술 대신 책을 들게 했으니 그거면 된 게 아닌가. 그렇게, 어이없는 생각으로 나의 비겁을 달래며 서울역 광장을 가로지르고 있었다.

그때였다. 여기저기 혹은 쓰러져 있고 혹은 멍하니 하늘을 바라보고 있는 노숙인들의 모습이 속속 눈에 들어왔다. 그런데 이게 어찌된 일인가. 그분들 모두가 손에 책을 들고 있는 게 아닌가. 제목도 같은 죄다 같은 책이었다. 〈전태일 평전〉 저마다 전태일 평전을 들고 있는 그들이 한 명씩 한명씩 내 앞으로 다가왔다. 어느새 노숙인 수십 명이 나를 에워싸고 있었다. 그 중 한 명이 나를 향해 소리쳤다.

"그날 난 너를 봤어. 불러줄 줄 알았는데, 결국 그냥 가더군. 잡지는 않았지만 네 뒷모습을 보면서 생각했어. 넌 비겁한 놈이라고. 우린 모두 네가 나눠준 책을 들고 있지만 아무것도 변한 건 없어. 여전히 배가 고프고 여전히 술에 절어있다고. 그러니 우리가 책 읽는 모습 봤다고 감상 나부랭이 주절댈 생각일랑 아예 하지도 마. 넌 아직 멀었어."

혼란스러웠다. 어지러웠다. 주변 건물들이 빙빙 돌고 있는 듯했다. 그 자리에 주저앉고 싶은 심정이었다. 거의 쓰러지기 일보직전이었다. 그 순간 나를 부르는 소리가 들려왔다.

"교수님, 이제 집에 가세요. 덕분에 책 잘 읽고 있어요. 여기 오래 서 있는 건 안 좋아요. 위험하기도 하고요. 조심하세요."

그분이었다. 해맑게 웃고 있는 그의 모습을 보는 순간 공연히 코끝이 시큰거렸다. 막 울음이 쏟아질 것 같았다. 그러나 참아야 했다. 참고 또 참아야 더 이상 비겁하지 않을 것 같았다. 그로부터 일주일 후 강의가 끝난 뒤 생맥주 집에서 뒤풀이를 하는 자리에서 결국 고백하고야 말았다. 그날 지하도에 누워서 책을 읽고 있는 선생님을 보았노라고. 비겁하고 용기가 없어서 알은 체를 못했다고. 미안했다고.

제발, 이런 식의 강의는 아니었으면 좋겠어요
- 인문학 강의에 대한 수강생들의 반응

인문학 교수들 얘기를 시작하게 된 직접적인 계기는 강의 내용이나 방식에 대한 선생님들의 반응을 들으면서였다. 개중엔 만족한다는 반응도 있었고, 불만을 토로하는 경우도 있었다. 어디서나 나올 법한 반응들이다.

강의하는 사람들의 자존심을 지켜주는 것도 중요하지만 그 보다 더 중요한 것은 자신의 강의에 대한 비판과 불만을 적극 수용하는 자세일 테다. 그래서다. 구체적으로 문제가 있는 강의와 그런 강의를 했던 교수들에 대한 비판을 해볼까 싶기도 했다. 그러나 그럴 자격도, 그럴 만한 여력도 내겐 없다. 나 역시 비판으로부터 자유롭지 않은 데다 수강생 선생님들의 얘기만 듣고 발언하는 건 위험한 일이기도 하기 때문이다. 특히 이름까지 들먹이며 비판하는 건 더더욱 경솔한 일일 것이다.

비겁함으로 보는 사람도 있을 테지만, 딴엔 신중함이라 치부하려 한다. 따끔한 비판을 통해 더 나은 방향을 지향하는 게 좋을 듯도 싶다. 그러나 시행착오를 그대로 인정하고 수용하면서 보다 발전적인 대안을 말하는 게 나을 거라는 판단을 하게 된다.

그래서다. 언급하는 방식을 이제까지와는 조금 달리 해보려 한다. 그

간 청취했던 수강생 선생님들의 의견을 몇 가지 유형으로 분리해볼 생각이다. 개중엔 시급히 개선되어야 할 것도 있고, 옳지만 어찌해볼 수 없는 비판도 있다. 반대로 지나치게 자기중심적으로 사고한다는 인상을 주는 의견도 있고, 편견이나 선입견의 발로인 경우도 있다. 판단은 각자의 몫으로 남겨둔다.

노숙인 선생님들이 불만을 토로하는 강의 유형

1. 대학에서 하던 강의를 그대로 옮겨온 듯한 판에 박힌 강의

강의 중 자료화면을 활용하는 교수들이 많은데, 그 점에 대해 노숙인들의 대체적인 반응은 부정적이었다. 그런 개별적이고 구체적인 지식을 습득하는 걸 목적으로 하지 않기 때문이라는 것이다. 대학생들에겐 그런 지식들이 필요할지 몰라도 노숙하는 분들에게 필요한 것은 지식의 총량을 늘리는 것이 아니라 진실한 대화라는 거다.

2. 일방적인 강의, 소통 없는 강의

모 교수는 강의시간 두 시간을 혼자 떠들고 나간다. 수강생을 호명하지도 않고, 호명할 필요도 못 느낀다는 식이다. 놀라운 일이 있었다. 고작 11명을 놓고 학 학기 동안 12강을 했던 교수가 수강생 이름을 단 한명도 모르고 있더라는. 보통은 학기 초 수강생의 이름을 외우기 위해 노력하는 게 상식이다. 그런데 그분은 그럴 필요를 전혀 느끼지 않았던 모양이다. 대상이 노숙인이라서 그랬던 걸까? 학점을 주거나 챙길 필요가 없어서 그랬던 걸까. 이런 강의는 일반 대학에서도 별반 효과를 거두기 힘든 강의일 테다. 안 하니만 못한 강의였다는 생각이다.

3. 너무 높은 강의수준

아무리 경청하려 해도 알아들을 수 없는 강의를 하는 분이 있다. 기초가 안 돼 있는 노숙인들을 너무 혹사시킨다는 인상을 준다. 제발 쉽게 풀어서 얘기해주었으면 좋겠다.

4. 달랑 강의만 하고 가는 교수는 미워요.

노숙인 인문학, 특히 성프란시스대학의 강의는 강의와 함께 식사하는 걸 매우 중요하게 여긴다. 강의 시작 전 혹은 강의 후 교수와 수강생이 함께 식사를 하며 대화를 나누는 것, 그걸 꺼리는 교수들이 있다. 대화 자체를 꺼리는 듯한 느낌이다.

5. 자화자찬식 강의

자기 자랑에 여념이 없는 교수도 있다. 정치하러 온 건가. 잘난 체 해서 뭐하자는 건가. 수강생들과 함께 대화하려는 노력을 기울이지 않는 강의는 죽은 강의다. 특히 노숙인 인문학 강의에서는 치명적인 오류다. 대체 노숙인 인문학에 와서 잘난 척 해서 뭘 얻겠다는 건가.

6. 수강생을 못 믿는 교수

어떤 교수는 강의실 앞 쪽에 지인을 앉혀놓고 강의를 한다. 실무자가 이유를 물으니 어이없는 대답이 돌아온다. "저들이 언제 달려들지 모르잖아요." 자기에게 폭행을 행사할 것이 두려워서 그랬단다. 참나, 어이가 없다. 수강생을 잠재적 폭력배로 인식하면서 무슨 강의를 하겠다는 건지. 그 교수나 그 지인이나 둘 다 얼빠진 사람이긴 매한가지다.

수강생들이 선호하는 혹은 필요로 하는 강의

1. 참여하는 강의

토론이 됐든, 글쓰기가 됐든 직접 참여해서 발언하게 하는 수업을 원한다. 때로 토론이 격해져서 논쟁을 넘어 싸움으로 돌변하기도 하지만 그래도 참여하는 강의일 때 비로소 살아있는 느낌을 받게 된다고 한다. 처음엔 싸움도 일어나지만 차차 자체의 자정력이 발휘되기도 한다. 전혀 두려워 할 일이 아닌 것이다.

2. 현장 학습, 답답한 강의실을 벗어나고 싶다.

주로 역사 시간에 현지답사를 하곤 한다. 예술사 시간엔 종종 전시회나 영화 혹은 뮤지컬 등을 관람하기도 한다. 개인적으론 가기도 힘든 형편이지만 막상 가려해도 두려워서 포기하곤 하는 곳들을 인문학 강의를 통해 가게 되니 더할 나위 없이 좋더라는 얘길 수도 없이 들었던 터다. 문제는 빠듯한 예산이다.

3. 식당 혹은 호프집에서의 진솔한 대화

진솔한 얘기는 오히려 강의실보다는 강의 후에 찾는 식당이나 호프집에서 나오게 마련이다. 술이 매개가 된다는 게 위험스럽기는 하지만, 교수와 마실 때는 대부분 자제하려는 노력을 한다. 어쨌든 식당이나 호프집에서의 대화가 강의실에서 보다 훨씬 활달하고 진지해지는 건 기정사실이다.

4. 시의성 있는 비유와 예를 드는 강의

가령, 자유라는 주제로 강의를 한다고 하자. 로크의 '자유론' 이나 존 듀이의 '도덕론' 따위를 들먹이는 건 현실성이 떨어진다. 거리의 자유, 쉼터의 속박 등을 소재로 이야기를 풀어내면 훨씬 활발한 토론과 대화가 진행될 수 있다. 중요한 건 주제의 선정이 아니라 그 주제를 어떤 식으로 풀어나가느냐인 것이다.

5. 성찰의 계기를 만드는 감동적인 강의

모든 수강생의 로망일 테다. 대학에서든 어디서든 감동적인 강의를 원하는 건 당연한 일이다. 너무 루틴한 강의, 마치 마쳐야 할 진도가 있

다는 듯 지나치게 서두르는 강의가 아니었으면 하는 바람들을 참 많이 얘기한다. 좀 느리더라도, 좀 천천히 가더라도 가슴을 울리는 감동을 느낄 만한 강의를 해달라는 게 수강 선생님들의 공통적인 바람이었다.

어머니의 작은 선물이 맺어준 소중한 인연들

어렸을 적, 선물이라는 걸 모르고 자랐다. 선물이라는 말 자체를 생소하게 여겼다. 주고받은 경험이 없었기 때문이었다. 중학교 2학년쯤이었을까? 난생처음 선물을 받았을 때 얼마나 당황스럽고 쑥스럽던지……. 선물이라는 말 자체를 모르고 살았던 시절이었다.

대학 입학 후 비로소 선물 문화에 눈을 떴다. 선물의 의미보다 선물 주고 받는 재미를 알게 된 것이었다. 입학 첫 해 선배·동기들로부터 감당하기 힘들 만큼의 생일선물을 받았고, 이후 해마다 생일선물을 받았던 기억이다. 그 후 몇 년 동안, 적어도 대학에 적을 두고 있던 기간 동안, 이러저러한 사람들과 적지 않은 선물을 주고받았다.

그리곤 그만이었다. 대학생활 이후 습관 대부분이 변했지만 유독 선물주고받기를 낯설어하는 버릇은 고쳐지지 않았다. 해마다 아내와 딸아이들, 친구들에게 갖은 핀잔과 힐난을 들으면서도 말이다.

그런 내게도 선물과 관련한 얘깃거리가 있다. 성프란시스대학 노숙인 선생님들과 어머니가 주고받은 작지만 소중했던 선물에 얽힌 이야기다.

성프란시스대학 1기생 선생님들과 북한산에 오르던 날, 집을 나서

려는 순간 고쟁이에서 뭔가를 꺼내든 어머니가 나를 불러 새우는 것이었다. 만 원 권 지폐 두 장을 쥐어주면서 하시는 말씀.

"산에서 내려오면 출출할 텐데, 얼마 안 되지만 이거 보태서 그 사람들 막걸리 한 사발씩이라도 사줘라. 더 주고 싶다만 이것밖에 없다."

뿐이 아니었다. 언제 준비했는지 여남은 개의 사과와 한 움큼의 사탕이 담긴 검정색 비늘봉지를 건네주시기도 했다. "돈도 못 버는 주제에 웬 헛수고냐, 웬 노숙자들하고 놀아나느냐"는 잔소리를 입에 달고 사시던 어머니였기에 그날의 달라진 모습은 퍽 낯설고 불안하기까지 했다.

'사람이 몇인데 단돈 2만원으로 막걸리를……' 산에 오르는 내내 어머니 말씀을 되뇌며 헛웃음을 짓곤 했다. 그러나 어머니가 싸주신 사탕과 사과는 달랐다. 등산전문가 급의 준비물이었던 것이다. 산행의 시작, 중간, 끝부분을 그토록 적절하게 채워주는 맞춤한 선물이 또 있을까. 산 입구에선 사탕으로 입안의 궁금증을 해소했고, 중턱에서는 사과를 나눠 먹으며 갈증을 달랬고, 고쟁이에서 나온 꼬깃꼬깃한 만 원 권 두 장은 음주 절대불가를 외치던 실무자의 마음을 돌려세우는 데 결정적인 계기가 되어주었다. 그날 저녁 산행을 마친 수강생 대부분이 걸쭉한 막걸리로 목을 축일 수 있었음이랴.

그날의 산행 이후 내 어머니는 성프란시스대학 수강선생님들 모두의 어머니가 되었다. 강의 전후 인사를 나눌라치면 선생님들은 늘 어머니의 안부를 묻곤 했다.

"교수님, 어머니 어디 편찮으신 데 없으시죠?"
"어머니 잘 모시고 계시는 거죠?"
"요즘은 어머니가 우리들 막걸리 사주라는 말씀 안하시는가요?"

어머니가 쓰러지신 건 이듬해 봄이었다. 내 사전에 성프란시스대학의 강의를 빼먹거나 지각하는 일은 절대 없을 거라고 골백번 다짐했건만 어머니의 갑작스런 변고 앞에서는 어쩔 도리가 없었다. 부득이 결강해야 했다. 평소 관절이 안 좋았던 어머니가 엘리베이터도 없는 빌라의 꼭대기 층을 오르내리다 그만······.

결강했지만 마치 순서를 정하기라도 한 듯 차례로 위로전화를 해주신 선생님들 덕분에 강의 이상의 보람을 느낄 수 있었다. 오히려 결석이 잦던 선생님까지 어머니 병문안 전화를 해온 덕분에 다시 강의에 나오겠다는 약속을 받아내는 성과(?)를 거두기도 했다.

많은 분들이 염려해 준 덕분이었을 것이다. 다행이 어머니는 오래지 않아 병원 문을 나설 수 있었다. 이어 성프란시스대학 1기생들의 졸업이 눈앞에 다가왔다. 따사로운 봄바람이 살랑이던 4월의 어느 날이었다. 오래전부터 계획해 왔던 졸업여행. 모두들 최소 1박 2일 정도는 가야한다고 생각했지만 학교측에서는 모자라는 예산을 확보할 방법이 없었다. 결국 무박1일의 조촐한 졸업여행에 만족할 수밖에 없었다.

졸업여행을 떠나던 날, 이번에도 어머니는 선물을 준비해주셨다. 새벽 3시에 일어나 아내와 함께 밤새 싼 김밥이 무려 50여 줄. 아내가 거들었다고는 하지만 김밥 속을 일일이 준비하고 무치고 부치는 것이나 밥의 간을 보는 일 등 중요한 건 대부분 어머니가 손수 손맛을 내셨

다. 그 김밥이 여행 내내 요긴한 요깃거리가 되었음은 불문가지다.

그해 봄 성프란시스대학 1기생들이 졸업을 했고, 다시 2기생들이 강의에 참여했다. 1기 졸업생 13명은 그새 노숙인 딱지를 떼고 당당한 노동자의 삶을 살고 있다. 비록 비정규직, 일용직일망정 그들에게서 얼마 전까지 도심거리를 전전했던 노숙인의 모습은 찾아볼 수 없다. 대신 구릿빛으로 변한 강인하고도 늠름한 노동자의 표정만을 엿볼 수 있다. 한 달에 한 번씩 모이는 동문회도 만들었다. 내겐 회비 1만원조차 내지 못하게 한다. 함께 소주잔을 기울이다 불거진 얼굴로 헤어질 때면 어김없이 어머니의 안부를 묻는다.

"어머니 건강은 어떠세요?" "지난여름에 어머니 허리 다치셨다는 얘기 듣고, 당장 달려가고 싶었어요. 어찌나 속이 상하던지······. 그날 술 많이 마셨어요. 제발 어머니 잘 좀 모시세요, 교수님!"

별것 아닌 것이었다. 사과 몇 개, 사탕 몇 알, 단 돈 2만원, 김밥 몇 줄······. 그 별 것 아닌 것, 그러나 정성이 담긴 어머니의 소박한 선물이 선생님들과 나 사이에 강고한 신뢰의 끈, 관계의 끈, 희망의 끈을 만들어주었다. 더구나 졸업한지 꽤 오랜 시간이 지났지만 그분들을 만날 때마다 나는 감당하기 힘들 정도로 커다란 희망의 선물을 한 아름씩 안고 집으로 돌아온다.

선생님1 : "교수님, 이거 어머니 갖다 드리세요."(휴지로 둘둘 말은 우황청심환 한 알)

선생님2 : "어머니 심심하실 때, 이거 쥐고 계시라고 하세요."(노리개용 돌 구슬 두 알)

선생님3 : "지운호 씨가 드디어 가족들을 만나기로 했어요. 엄청난 용기를 낸 겁니다. 정말 잘 됐어요."

선생님4 : "교수님, 저 일이 잘 풀리려나 봐요. 일이 막 들어와요. 이러다 부자 되겠어요."

선생님5 : "이번 설에 어머니 뵈러 가도 되죠?"

국어실력이 밥 먹여 줍니다

　우선 글쓰기의 기초를 다지는 게 중요하다 싶어 2주 연속 국어의 기초에 대해 강의했다. 국어의 기초는 응당 낱말의 쓰임새와 의미에 대한 설명일 수밖에 없는데 우리말의 쓰임새라는 게 얼마나 다양하고 변화무쌍한가. 선생님들도 가르치는 나도 매번 헷갈리고 틀리기 일쑤다. 헷갈리는 우리말의 예를 들어가던 중 '안'과 '속'의 쓰임새를 설명하는 부분에선 난감한 상황을 맞기도 한다. 마침 작년에 나온 〈국어실력이 밥먹여준다〉(유토피아, 2006년, 이하 〈국ㆍ밥〉)를 읽어두었던 덕을 보긴 했지만……. "그 둘을 정확하게 구분할 필요가 있습니다. '속'은 3차원 공간의 내부를 가리키고, '안'은 2차원 면의 안쪽 혹은 1차원 선의 가까운 쪽을 가리킵니다. '100미터 안', '사흘 안', '10년 안' 등이 그렇고, '사과 속', '호박 속', '바다 속', '뱃속', '머릿속' 등이 3차원의 내부를 나타내는 말입니다." 비교적 잘 설명했다 싶었고, 국어실력이 밥 먹여준다는 말이 참으로 그가 막히게 맞는 말이라는 생각까지 했다. 그러나 나의 착각은 딱 거기까지였다. 이어지는 질문이 날카로웠다. "교수님, 그런데 제가 생각하기엔 뭔가 잘못된 것 같습니다. 예를 들어 '방'이나 '집'은 분명히 3차원의 공간인데 보통

'방안'이나 '집안'이라고 하지 '방 속', '집 속'이라고 하진 않잖습니까?" 아뿔싸. 책에는 분명 그에 대한 설명이 나오는데……. 나는 그만 그 내용을 잊어버리고 있었던 것이다. (참고로, 〈국·밥〉에는 이런 설명이 나온다. '속'은 꽉 차야 한다. 따라서 내부가 비어있을 때 비정상이면 '속'이고, 비어도 별다른 이상이 없을 땐 '안'이라는 것이다. 예를 들어 머리는 비면 안 되니까 '머릿속'이 맞고, 집이나 방은 비어있어도 이상할 게 없으니 '집안', '방안'이 맞다.) 그냥 잘 모르겠다고 하면 그만일 것을 어느덧 내개도 샌님 기질이 배었는지, 모른다는 사실을 인정하고 싶지 않았다. 그래서 이렇게 얼버무렸다.

"아예, 좋은 질문입니다. 그런데 말이죠? 말이라는 건 애초의 의미와 상관없이 자주 변합니다. 어떤 말은 사멸하기도 하고 어떤 말은 점차 의미가 확장되기도 합니다. 그러니 1, 2차원의 내부를 뜻하던 '안'이 3차원의 공간을 갖는 사물에도 쓰이게 된 거죠."

그러나 얼마나 우습겠는가. 비굴하기 그지없고 후안무치의 극치였을 밖에……. 지금 많이 반성하고 있다. 다짐컨대, 다음 주 강의에서 잘못을 시인하고, 분명히 사과드릴 예정이다. 더 어이가 없었던 건, 모른다는 사실을 들키지 않으면서 이미 내뱉은 말을 정당화·합리화하기 위해 황당한 예까지 끄집어내면서 강의의 물꼬를 다른 곳으로 터버렸던 것이다.

"에에~ 또. 말(언어)이란 사회상을 반영하게 마련입니다. 언어의 사회성이라고 할까요? 가령 거짓말이라는 뜻을 가진 속어 혹은 은어의 변천사를 보면 언어의 변화무쌍함을 확실하게 이해하시게 될 겁니다. 이 말은 경희대 국문과의 서정범 교수께서 정리해 놓은 건데 참으로

그럴듯합니다. 한번 보시죠."

거짓말(을 뜻하는 속어 혹은 은어)의 변천사.

일제시대 : 구라(깐다)
미군정 : 후라이(깐다)
자유당 : 썰(푼다)
박정희 : 공갈(깐다)
전두환 : 뻥(깐다), 대포(깐다)
노태우 : 노가리(깐다, 푼다)

그럴듯하지 않은가? 지난주 강의는 이렇게 형편없게, 그러나 다소간 웃음을 자아내는 내용으로 채워졌다. 정말 가관이었다. 강의를 끝내고 집으로 돌아와 보니 세상은 온통 '한미FTA' 협상타결 뉴스로 도배가 되다시피 했다. 웃기고 어이없는 건, 나의 얼치기 작문강의나 현실세계나 다를 게 없다는 것이다. 보수언론은 물론 심지어 한나라당에서까지 노무현 대통령을 칭찬하느라 침이 마를 지경이니 말이다. 한나라당 전여옥 의원이 노사모에 가입하기로 했다는 루머까지 나돌 정도면 더 이상 말이 필요 없는 거였다. 문득 재미난 생각이 들었다. 역대 대통령들이 저마다 '거짓말'과 관련한 그럴듯한 속어 하나씩을 탄생시켰는데, 노무현 대통령이라고 그러지 말라는 법이 있을까 하는 생각말이다. 그래, 서정범 교수의 뒤를 이어보기로 했다.

김영삼 대통령 : 영어(하네)

본인은 거의 못하면서 국제화니 세계화니 하면서 얼마나 영어 얘기를 강조했나. 그러니 그가 꺼내는 '영어하자'는 말은 모두 헛소리로만 들렸던 것이다. 그걸 패러디해서 범인들은 거짓말하는 사람에게 "영어하고 있네"라는 말을 돌려줬던 것이다.

노무현 대통령은 아무래도 '연정(하자)'가 아닐까.

우리 시대 최고의 작가들과 함께 했던 행복한 시간들

　난곡동 낙골마을의 요즘 풍경은 '서울 달동네 1번지' 라는 옛말이 무색할 정도다. 판자촌 일색이던 관악산의 난곡골짜기가 아름드리처럼 쭉쭉 뻗은 고층아파트 숲으로 변모해버렸기 때문이다. 얼마 남지 않은 판자촌들이 길옆 신축건물의 틈새를 비집고 이따금 눈에 들어오긴 하지만 속살을 내비친 여인이 서둘러 치마폭을 감싸듯 번듯한 새 건물의 위용이 이내 시선을 압도해버린다.

　달라진 건 마을의 외양만이 아니다. 졸지에 철거민으로, 세입자로 전락한 주민들의 달라진 현실도 오롯이 그 속에 들어있다. 몇 십 년 살아온 삶의 터전을 빼앗긴 주민들은 자본의 요술과 사술과 폭력에 다시금 내몰리지 않기 위해 조용히 서서히, 그러나 당차게 새로운 도전을 준비하고 있다.

　문학의 이름으로 '관악인문대학' 선생님들과 만나는 일은 언제나 긴장의 연속이다. 시작한 지 4개월이 지났어도 부담과 긴장은 여전하다. 하여 꾀를 내 마련한 게 우리 시대 최고 작가와 관악인문대학 선생님들의 만남을 주선하는 일이었다.

9월 어느 날, 가을의 길목에서 공지영 작가와의 만남이 이루어졌다. 땅거미가 질 무렵 난곡동 골짜기에 도착한 공 작가는 숨 돌릴 겨를도 없이 강의실로 직행해 얼핏 보기에도 역력해 보이는 피로를 뒤로 물린 채 진지하게 〈우리들의 행복한 시간〉에 얽힌 에피소드와 순탄치 않았던 자신의 삶에 대한 이야기를 담담하게 풀어냈다. 사형제 폐지와 관련한 소신을 피력하다가 문득 소설 집필을 위해 만났던 사형수의 푸른 눈빛을 상기하는 대목에선 아연 긴장감이 감돌기도 했다.

"연쇄살인범 유영철의 재판을 방청하다가 그의 푸른 눈빛을 보고 얼마나 놀랐던지요. 그런 눈빛을 가진 사람이 희대의 살인마라니 믿기지 않았어요."

〈우·행·시〉의 성공을 두고 '요행'이라고 빈정대는 사람들이 있는 것으로 안다. 그러나 소설이 탄생하기까지의 지난한 역경을 조금이라도 이해하는 사람이라면 함부로 그런 험구를 내뱉지는 못할 것이다. 여성으로서, 한 부모 가정의 가장으로서, 이혼녀로서의 마음고생을 누구보다 잘 알고 있는 난곡동 선생님들은 작가의 한 마디 한 마디를 마치 자신의 이야기인양 혹은 안타까운 표정을 혹은 슬픈 표정을 지으며 공감을 표해주었다.

"30대 초반에 벌써 두 번이나 이혼한 여자였어요. 그 수치심을 떨치기 위해 〈우·행·시〉 집필 계획을 세웠어요. 그리고 2003년 세 번째 이혼을 한 뒤 사형수를 만나러 가자고 마음먹었고요. 사실 그 전에 저

는 스스로 작가로서는 사형선고를 내렸던 거나 마찬가지였어요. 7년 넘게 글을 못 쓰고 있었거든요."

스스로 작가로서의 삶에 사형선고를 내렸던 공 작가가 다시 글을 쓰기로 결심하고 사형수를 찾아갔던 일은 마치 세 번씩이나 자살을 시도했던 '유정'이 고모의 손에 이끌려 사형수를 찾아가는 장면과 흡사하다. 공 작가는 천연덕스럽게 말을 잇는다.

"정신적 사형선고를 받았던 제가 그 속(사형수들이 수감돼있는 구치소)에 들어가서 정신적 사면복권을 받고 나왔어요."

무겁게 가라앉았던 분위기를 반전시킨 건 공 작가도, 선생님들도 아닌 그네들의 자녀들이었다. 자식 키우는 얘기가 시작되자 공 작가 역시 적당히 말을 눙치기 시작했다.

"엄마로서 당당해지기까지 다섯 번씩 지옥에 들어갔던 기분이었어요. 그러나 엄마가 불행하면 우리도 불행해진다는 딸아이 얘길 듣고 마음을 바꿨어요. 큰 아이는 꽤 잡았어요. 손가락질이 무서워서가 아니라 자랑하고 싶어서 공부 잘하라고 채근했어요."

그날만 여섯 건의 약속이 잡혀있었다고 했다. 오후 라디오 방송을 끝내고 곧바로 달려왔던 공 작가는 이어지는 약속 때문에 식사조차 거른 채 발걸음을 재촉했다. 꽃꽂이팀(자활사업 중 하나) 선생님들이 마련한 꽃다발을 차에 싣고 운전대에 앉은 그녀의 옆모습이 눈에 들어왔다. 40대 중반의 나이가 믿기지 않을 만큼 아름다운 모습이었다.

특강 후 새삼 공지영 작가야말로 하늘이 내린 천상 이야기꾼이 아닐까 하는 생각이 들었다. 타고난 재능 못지않게 피나는 노력과 절절하고도 애달픈 삶의 애환들을 짊어지고 살아온 작가인 줄 잘 알면서도 문득 그런 생각이 든 것은 특강을 통해 밝힌 대로 그녀는 삼십대 초반에 이미 두 번의 이혼경력을 가진 여인이었을 뿐만 아니라 다른 작가들이 평생 한 권을 갖기도 힘든 베스트셀러 소설을 이미 몇 권씩이나 보유하고 있는 작가였다는 데 생각이 미쳤기 때문이었다.

그런 면에서라면 공 작가와 비슷한 것 같으면서도 확연하게 대조되는 작가가 있다. 작가 김형경이 그런 경우다. 작품값이 곧 고통값으로 치환되는 명료한 수학식을 떠올리게 하는 작가. 김형경은 자신이 앓았던 만큼 글을 만들고, 자신이 고통스러워했던 만큼 독자를 치유해주는 그런 작가라는 느낌이 든다. 특히 장기간 정신분석을 받은 뒤 뿜어낸 일련의 이야기들은 얼핏 독자들이 감당키 힘들만큼 정교하고 세밀한 정신분석 과정에 대한 보고서로 보일 정도여서, 문득 작품 집필을 위해 정신분석을 받은 것인지 정신분석을 받은 후 자연스럽게 자신과 인간의 내면을 들여다보는 힘을 얻게 된 건지 헷갈리게 한다.

아무튼 그토록 다른 스타일이면서, 동시에 현실 문단에서 중추역할을 하고 있는 걸출한 두 작가에게 특강을 부탁하고 그것을 연이어 관철시킨 건 나로서도, 우리 선생님들에게도 무한한 영광이자 행운이 아닐 수 없는 일이었다.

작가 김형경 특강은 11월 초에 이루어졌다. 단아하고 단출한 모습으로 우리 앞에 앉은 김 작가는 그러나 당차고도 주관이 뚜렷한 심리 상담자 역할을 두 시간 동안 거침없이 수행해주었다. 김 작가의 〈사람풍경〉을 읽고 난 뒤 도리 없이 앓아야만 했던 심리적 홍역에서 채 벗어

나지 못하고 있던 우리 선생님들은 마치 산골 오지에 방진 온 의사 앞에 앉은 듯 꼬리에 꼬리를 물고 질문 행렬을 이어갔다.

"초등학교 5학년 때 부모님이 이혼하셨어요. 그때 마침 일기 쓰는 숙제가 있었는데 1년을 꼬박 썼던 일기의 대부분이 부모님에 대한 거친 욕이었어요. 그걸 본 선생님은 나무라기보다 오히려 지지해주고 상까지 주셨어요. 그게 결정적이었던 것 같아요. 그 혼란스러웠던 시기, 일기 덕분에 살아남았다고 해도 과언이 아닌 거죠. 그 후로도 일기를 꾸준히 썼고 대학 들어가서부터 일기가 습작으로 변하기 시작했어요."

글쓰기의 효과를 설명하기 위해 자신의 일기쓰기 경험을 선례로 든 김 작가의 표정은 사뭇 진지했다. 이어진 작가의 말은 그대로 글쓰기의 가치와 의미에 대한 지론에 다름 아니었다.

"신춘문예 심사를 하면서 유심히 보는 건 글 속에 '나'가 들어있는가 하는 거예요. 좋은 글은 나를 표현하는 것이라는 믿음 때문이죠. 자기 서사를 쓰는 과정은 곧 자기정체성을 찾는 과정이면서 동시에 자기치유에 들어가는 거예요. 글을 쓰다보면 생각지도 않았던 생각들이 떠오르는 순간이 있어요. 그게 바로 무의식이 올라오는 시기이고 자기치유가 이루어지는 시기예요."

우리 시대 최고의 작가 두 분과 함께 했던 이번 가을은 내 인생에 있어서도, 우리 선생님들의 삶에 있어서도 오래도록 간직할 추억을 만든 어느 해보다 값지고 풍성한 가을이었다. 새삼 드는 생각이지만 작가의 힘은 참으로 위대하다. 인간에 대한 사랑과 따뜻함을 가진 작가는 더욱 위대하다. 더구나 그 사랑을 필요로 하는 이웃들에게 아낌없이 나누어주는 김형경·공지영, 두 작가는 진정으로 아름다운 영혼을 가진 위대한 작가들이다.

이 가을 삶의 무게에 짓눌려 힘겹게 살아가고 있는 우리의 이웃들에게 힘이 되어준 두 작가에게 다시금 감사의 마음을 전한다. 덕분에 우리의 난곡동 관악인문대학 선생님들의 학습 열의는 나날이 높아가고 있다는 소식도 함께…….

야학교사들에게
너무 일찍 배워버린 나눔의 의미

강산이 두 번 바뀌고도 남는 기나긴 세월이 지났다. 내겐 그 오랜 세월이 지나도록 잊히지 않는 추억이 있다. 청년의 길목에서 맞닥뜨린 야학, 그곳에서의 추억은 평생 잊을 수 없는 내 인생의 지표들이다.

나는 야학 학생과 야학 교사의 입장을 모두 경험한 사람이다. 야학 학생, 말 그대로 주경야독하며 미래의 꿈을 키우던 시절. 낮에는 공장, 밤에는 야학생으로 열심히 뛰어다닌 덕분에 대입검정고시를 단번에 합격하는 영광을 누릴 수 있었다. 야학교사. 야학출신으로는 드물게 대학에 입학했으니 야학교사가 되는 건 당연한 일이었다. 할 수밖에 없었고, 해야만 했다.

학생이었건 교사였건 야학과 관련된 일이라면 내겐 모두 소중한 추억일 수밖에. 오늘은 그 야학과 관련된 기억 한 토막을 꺼내볼 참이다. 아름답고, 재미있고, 가슴 찡한 기억들이 수두룩하지만 오늘 꺼내든 이야기는 개중 아쉽고 씁쓸했던 기억이다.

15년을 이어왔던 우리 야학은 졸지에 길거리에 나앉아야 할 처지가 되고 말았다. 강북개발 사업이 한창이던 80년대 초반의 일이었다. 땅주인의 묵인 하에 무허가건물에서 야학을 꾸렸었는데, 그곳 역시 개발바람을 피해갈 도리가 없었던 것이었다. 당시 대학생이었던 교사들이 중심이 되고 야학학생인 나와 몇몇 동문들이 모여 야학재건을 위해, 아니 최소한 하던 수업이라도 마무리 할 수 있을 교실을 마련하기위해 백방으로 뛰어다녔다. 주변의 비어있는 건물들을 훑었고, 교회와 성당을 찾아가 하소연해보기도 했으며, 심지어 비닐하우스 주인을 찾아가 겨울 동안만이라도 그곳에서 수업할 수 있게 해달라고 매달려보기도 했다. 결과는 모두 허사였다. 세상은 가난한 학생들에게 그리 쉽게 호의를 베풀지 않았다.

결국 야학은 문을 닫고 말았다. 15년을 이어온 전통의 야학 '상록수의 집'을 하루아침에 잃어버린 우리는 그저 망연자실할 수밖에 없었다. 무력감과 패배감에 한동안 잠을 이루지 못했다. 만나면 술을 마셨고, 술을 마시면 울었고, 울고 나면 마신 걸 다시 토해내야 했다. 그렇게 한 해 겨울이 지나고 다시 겨울이 찾아왔을 때, 우린 다시 만났다. 이렇게 허무하게 헤어질 수는 없다며, 다시 뭉쳐 어떤 일이라도 해야 하는 게 아니냐며 절규했다. 누군가 의견을 냈고, 모두들 그렇게 하마고 동의했다.

한 달에 한 번씩 고아원을 방문하기로 했다. 매월 둘째 주 일요일, 상봉버스터미널에서 버스를 타고 두물머리(양수리)를 지나면 현리라는 작은 마을이 나타난다. 옛 경원선의 간이역이 있던 마을이었다. 마을이라곤 하지만 집은 서너 채에 불과한 작은 시골마을이었다. 그곳 산중턱에 우리가 방문하는 고아원이 있었다(지금도 있는 것으로 확인했다).

기껏 대학생이거나 공장노동자들인 우리에게 돈이 있을 리 없었다. 회비라고 고작 3,000원씩을 거둬 아이들 줄 공책 몇 권 사가는 게 우리

가 할 수 있는 최대치의 성의였다. 응당 우리는 몸으로 때우는 일을 도맡았다. 한 겨울 이불 빨래며, 건물 청소, 식사 준비, 취학 전 아이들하고 놀아주기 등등. 다행이 우리가 할 일은 지천에 널려 있었다. 무엇보다 좋았던 건 아이들의 해맑은 웃음과 그 웃음만큼 상쾌한 산촌의 공기를 마음껏 마실 수 있었던 것이었다. 일요일 오후 짜릿한 노동(?)을 끝내고 돌아와 술잔 앞에 앉았을 때, 그 청량리 역 주변 선술집의 차가운 소주 맛이란. 죽어도 잊을 수 없는 맛이었다.

1년 정도 지났을까. 고아원 방문 인원이 줄어들기 시작했다. 처음엔 20명 가까이 모이던 게 몇 개월 후 10명을 넘기기 힘들어졌고, 1년이 지났을 땐 급기야 5명이 될까 말까였다. 그런가 보다 했다. 모두들 바쁘게 사는 것이려니 싶었다. 그러나 어느 달엔가 문득 희한한 것을 발견했다. 1년이 지날 무렵부터 나타난 현상이었다. 그때까지 꾸준히 나오는 사람 중에 교사 출신(대학생 혹은 대학 졸업생)은 눈을 씻고 봐도 없었던 것. 거짓말처럼, 약속이나 한 듯이 교사들은 단 한명도 나오지 않았다. 그렇게 훌륭하고도 멋있고 위대해 보이던 대학생 선생님들이 어느 날 우리 앞에서 완전히 사라져버리고 말았던 것이다. 그때까지 그저 묵묵히, 꾸준히 상봉터미널로 나오던 사람들은 모두 야학 학생 출신의 공돌이 공순이들뿐이었다.

공장노동자와 대학생. 아니, 야학학생과 대학교를 졸업한 사람들. 둘 중 누가 더 바쁠까? 둘 중 누가 더 여유 있는 삶을 살고 있었던 걸까? 단순 비교는 무의미하다는 걸 잘 안다. 그런 무의미한 선입견으로 존경했고, 늘 감사하는 마음을 가져야 할 은사들을 매도하는 건 배은망덕한 일일 줄로 안다. 그러나, 그러나 나는 봤고 느꼈고 깨달았다. 물론 깨달은 건 한참 후였지만.

초등학교밖에 못 나온 우리의 미싱사 누나는, 검정고시로 중·고등학교 졸업자격증을 딴 뒤에도 여전히 공장노동자로 일하고 있던 내 아는 남동생은, 그 흔한 학원 한 번 못 가보고 몇 년째 입시공부에 매달리고 있는 내 아는 착한 남동생은, 검정고시 거쳐 야간상고에 진학한 내 아는 여자 친구는, 그리고 야학에서 공부해 검정고시 붙고 대학교까지 들어갔지만 운동인가 데몬가 하다가 거푸 제적된 뒤 백수로 지내던 나는…….

그렇게 우리 공돌이, 공순이들은 그 후로도 10년 동안이나 간이역 산중턱의 고아원을 꾸준하게 방문했다. 처음엔 업고, 안고, 붙잡고 맴돌며 놀아주어야 했던 원아들이 어느새 초등학교를 거쳐 중학생이 되고 고등학생이 될 때까지……. 우리는 그렇게 고아원을 찾고 또 찾아다녔었다.

덕분에 배웠다. 분명하게, 너무 많은 것을 너무 일찍 배워버렸다. 나눔은 관념이 아니라 실천이라는 것을. 나눔은 지식이나 사회적 능력이 아니라 진심어린 마음에서 나온다는 것을. 더구나 나눔은 정치도 경제도 아니라는 것을. 나눔은 공감이며 누군가와 함께 호흡하는 법을 배우는 것임을. 머리로 하는 나눔은 쉽게 식을 수 있지만 가슴으로 하는 진실한 나눔은 결국 둘이 하나가 되어 더불어 숲을 이루게 된다는 사실을.

내 야학시절 대학생 선생님들은 야학이 없어진 뒤로도 직접 몸으로 실천적으로 너무도 소중한 것을 보여주고 가르쳐주셨다. 주체하기 힘들 만큼. 그래서 새삼 깊이 감사드린다.

훌륭한 강의는 소통을 위한 노력에서 비롯된다

성프란시스대학을 비롯한 시민인문학(노숙인인문학, 교도소인문학, 자활인문학, 시민인문학 등을 통칭해서 '시민인문학'이라 부르기로) 강좌의 교수진은 어디 내놔도 손색이 없을 만큼 쟁쟁하다. 물론 나와 같은 얼치기도 섞이긴 했지만 말이다.

노숙인 인문학에서 시작, 소외계층 전반을 아우르는 시민인문학으로 뻗어나가면서 교수진은 나날이 풍부해지는 추세이기도 하다. 유수 대학의 교수들이 망라됐을 뿐만 아니라 작가, 평론가, 언론인, 연구자 등 각 분야의 내로라하는 사람들이 속속 참여하고 있기도 하다.

김문환 교수(성프란시스대학 3기 강의)처럼 원로급에 속하는 교수가 있었는가 하면 최상진 교수(전 경희대 문과대학장, 강동구 인문학 아카데미에서 강의)처럼 대학에서 주요 보직을 맡은 분도 강의에 참여하곤 했다. 작가로서 명성을 쌓은 분도 있다. 임철우 교수(한신대학교 대학원 교수, 경기광역 인문학 강좌 2기, 3기 강의)는 교수이기 전에 작가로서 워낙에 명망이 높은 분이기도 하다.

민족문제연구소의 연구실장을 맡고 있는 박한용 교수(성프란시스대학 1, 2, 3, 4기 강의)가 참여했는가 하면, 서울대 HK연구교수인 안

성찬 교수(성프란시스대학 3, 4기 강의), 철학아카데미의 공동대표인 박남희 교수(성프란시스대학 2, 3, 4기 강의), 미학자 김동훈 교수(성프란시스대학 3, 4기 강의), 문학평론가 고영직(성프란시스대학, 경기광역인문강좌, 경희대 실천인문학센터), 역사학자 김준혁(경기 광역 1, 2, 4, 6기 강의), 미술평론가 김종길(성프란시스 1기, 경기광역 강의), 성공회대 김찬호 교수(성프란시스 2기 강의), 언론인 출신 양훈도 교수(경기광역 강의) 등이 분야를 달리하는 교수진의 면면이다.

경희대 실천인문학센터에 속한 교수진도 훌륭한 분들이 수두룩하다. 철학 과목의 이경석, 김시천, 김명준, 역사 과목의 유원준, 박규정, 박성준, 문학 및 글쓰기의 고인환, 김진해, 문영희, 김난희, 예술사를 맡은 이경철, 백은정, 박지나 교수 등등.

드물게는 아예 인문학 강의에 올인한 분도 있다. 우기동 경희대 철학과 교수가 그런 분이다. 나와 함께 성프란시스대학에서 첫 강의 스타트를 끊었던 우기동 교수는 어느덧 시민인문학 전체를 상징하는 인물이 된 듯하다. 성프란시스대학 1기를 시발점으로 이후 경기광역인문학, 관악인문대학, 노원성프란시스대학 등 인문학강의가 있는 곳이면 어디든 찾아다니며 강의했고, 현재 다양한 인문학프로그램을 진행하고 있는 경희대학교 〈실천인문학센터〉에서 주도적인 역할을 하고 있다.

시민인문학에 참여한 모든 교수들이 훌륭하고 존경스럽지만, 소외계층 전반의 인문학 강좌 활성화를 위해 불철주야 왕성한 활동을 전개하고 있는 우기동 교수에겐 특별히 존경과 사랑의 마음을 전하는

사람들이 많으며 나 역시 그러하다.

나 또한 성프란시스대학과 관악인문대학, 경기광역인문학 등을 거쳐 우기동 교수와 함께 경희대학교로 자리를 옮긴 경우다. 〈실천인문학센터〉의 설립을 제안했고, 설립 뒤 운영위원으로 참여, 현재까지 노숙인, 차상위계층, 자활참여자, 여성노숙인쉼터, 강동구 주민센터, 교도소까지 찾아다니며 강의하고 있다.

워낙에 다양한 곳에서 다양한 사람들이 모여 강의를 진행하다보니 반응도 제각각, 분위기도 제각각, 교육의 성과와 결과도 달라질 수밖에 없다. 그것을 하나로 묶어 정리하긴 쉽지 않은 일이다. 다만, 어디서든 소위 교수평가라는 걸 하고 있었다는 게 나름의 기준과 근거가 되긴 한다. 그러나 여기서 언급하는 얘기들은 공식적인 강의평가와는 다르다. 수강생들의 의견을 반영한 것이며, 거기 나의 생각이 곁들여진 것에 불과하다.

흔히 강단에는 학식이 풍부한 반면 강의가 별로인 교수가 있는가 하면, 학식을 논할 필요를 느끼지 못할 정도로 강의능력이 탁월한 교수가 있다. 학자로서의 명성이야 전자 쪽이 높을 수밖에 없겠지만 학생들의 인기를 독차지하는 건 역시 재미있게 강의하는 후자 쪽일 수밖에 없다.

바람직하기는 학식과 교수법이 잘 결합되는 경우일 테다. 학식과 덕망을 두루 갖춘 데다 강의마저 능수능란하게 풀어나가는 교수 말이다. 없진 않겠지만 문제는 매우 드문 경우다. 노숙인 인문학 등 소위 시민인문학 강좌에서도 그런 예가 적지 않다. 특히 시민인문학은 대학생들을 대상으로 하는 대학 강의와 달리 다양한 계층, 다양한 연령대, 다양한 지적 수준을 가진 그야말로 다양한 사람들에게 강의하는 것이어서, 강의의 수위를 조절하기도 쉽지 않고 강의의 목표점을 설정하는 데에도 애를 먹을 수밖에 없다.

 그런 악조건 속에서도 빛을 발하는 강의가 수두룩하다. 대체 그런 강의를 할 수 있는 교수는 무슨 비법을 가지고 있는 걸까?

 시민인문학 강의에서 무엇보다 중요한 건 소통을 위한 노력이다. 대학이라는 말에, 교수라는 말에, 더구나 인문학이라는 낯선 말에 주눅이 들고 움츠러들 수밖에 없는 수강생들의 마음을 열기 위한 사전 노력을 게을리 하는 경우 그 강의는 예의 죽은 강의가 될 수밖에 없기 때문이다.

 소통을 위한 노력이라 했다. 참 쉽게 들리는 말이지만 그게 그리 만만한 게 아니다. 인문학강의를 하는 교수들이라면 누구나 나름의 노하우를 가지고 있을 것으로 믿지만 더러는 준비 없이 그냥 강의실에 들어서는 경우가 있다. 그런 경우 처참하게 깨질 수밖에 없다. 실제로 수강생 선생님들은 준비부족의 강의를 접하면 여지없이 교수를 깨뜨리기도 한다. 피차 만만하게 보지 말자는 의미일 테다.

 소통을 위한 준비 중 가장 중요한 건 수강생들의 처지를 이해하는 것이다. 좀 거창하게 말하면 계층에 대한 이해라고도 할 수 있을 텐데, 일단 그게 선행되어야만 자신 있게 강의실에 들어설 수 있게 된다. 모 철학 교수의 경우 첫 강의에서 심하게 깨졌던 경험을 아프게 고백하기도 한다.

"사실, 노숙인을 잘 몰랐어요. 가난이라는 것도 관념으로만 이해하고 있었을 뿐 제대로 인식하지 못하고 있었어요. 서울역 앞에서 배낭 매고 있는 사람들이 대부분 노숙인이라는 걸 안 건 여기 강의에 참여하면서부터였어요. 다들 등산가는 사람들인 줄로만 알았거든요."

그 교수, 마음고생이 얼마나 심했을지는 짐작이 가고도 남는다. 굳이 설명하지 않아도 될 듯. 수강생의 전화에 시달려야 했고, 강의시간엔 생뚱맞은 질문공세에 시달렸으며, 심지어 강의 외 시간에 만나달라고 요구하는 바람에 뿌리치지도, 덥석 만나주지도 못하면서 냉가슴을 앓았다는 고백이 이어지기도 했다.

준비 없이 강의에 참여한 대가를 톡톡히 치른 셈이다. 물론 그 교수는 다음 학기 강의에 참여하면서 놀라운 적응력과 대응력을 보여주기도 했다. 적응력, 대응력하니까 굉장히 형식적이고, 사무적인 느낌이 나는데, 그대로 얘기하면, 이듬해부터 누구보다도 열성적인 교수가 됐고, 수강선생님들과 스킨십이 강한 교수가 됐다는 뜻이다.

소통을 위한 노력은 그 뿐만이 아니다. 강의주제를 정하는 것에서부터 주제를 풀어나가는 데에 있어서도 얼마나 실용적이고 현실적인 방안을 고려하느냐가 강의의 성패를 좌우하기도 한다. 역시 철저한 강의준비 역시 소통을 위한 노력의 일환인 것이다. 가령, 철학강의에서 자유를 주제로 강의한다고 치자. 철학적 개념만을 동원하는 식으로 얼버무렸다간 큰 코 다치기 쉽다. 적어도 이런 식이라야 비로소 토론과 활기찬 강의가 이루어질 수 있는 거다.

"왜 거리에서 떨면서도 쉼터에 들어오지 않는가. 자유를 위한 것인가, 질서를 두려워하는 것인가?"

강의실 밖의 강의도 중요하다. 강의만 하고 가는 교수는 스스로를 고립시키는 꼴이다. 특히 노숙인인문학에서라면 강의실 밖의 강의가 중요한 포인트가 되기도 한다. 강의실 밖의 강의란 강의 전과 강의 후의 시간을 함께 하는 것을 말한다. 강의 외의 그 시간이야 말로 교수의 진정성을 보여줄 수 있는 가장 확실한 기회이자 마당이다. 그 시간을 함께 할 때 자연스럽게 "저 사람은 직업적 강의꾼이 아니라. 정말로 우리에게 관심을 가지고 있구나"하면서 자연스럽게 친근함을 느끼게 되는 것이다. 함께 밥을 먹는다든지, 더러는 함께 호프 잔을 기울이는 등의 노력이 필요한 이유다.

끝으로 소통을 위한 가장 핵심적인 노력은 그네들의 삶을 이해하는 것이다. 백안시 하거나 무시한다면 강의 자체가 이루어지기 힘들 것이다. 타자화하거나 대상화한다면 서로 신뢰를 쌓기 힘들다. 더러 훈계조의 발언과 무시하는 듯한 발언을 하다 학생들로부터 퇴짜를 맞은 교수가 있다.

노숙인 인문학에서 우선시 되는 건 교수의 권위나 훈계조의 일방적인 강의가 아니다. 교수와 수강생이 서로 존중하는 강의여야 한다. 소통을 위해 노력하면서 서로 존중하려 노력할 때 훌륭한 강의가 이루어질 수 있으며, 그것이 바로 시민인문학 강좌의 취지이기도 하다.

내 마음의 고향 야학,
그리고 시민인문학 강좌

　노래방 주인은 제일 큰 방이라고 했지만 10여명이 둘러앉기엔 비좁아 보였다. 가운데 탁자를 한쪽으로 밀어놓고서야 겨우 서너 명이 서서 노래 부를 수 있을 정도였다. 탁자를 옮긴 뒤 누가 먼저랄 것도 없이 저마다 노래와 춤 실력을 뽐내기 시작했다.
　몸치인 게 원망스러웠다. 하긴 나보다 더한 사람도 있었다. 우기동 교수. 그냥 놔둘 리 없었다. 우 교수가 마이크를 잡자 곳곳에서 혹은 입을 막고, 혹은 고개를 숙이고 키득키득 웃는 소리가 났다. 한 여성이 도우미를 자청하며 우 교수의 손을 잡아주었다. 그렇게 정태춘·박은옥의 '사랑하는 이에게'는 모두가 부르는 합창이 되어 노래방 구석구석까지 울려 퍼졌다.

"그대 고운 목소리에~~ 내 마음 흔들리고, 나도 모르게 어느새~~"

　더러 부담스런 블루스 제의가 있었고, 후견기관 관장의 재롱인지 테크닉인지 모를 춤사위가 이어졌으며, 도무지 끝날 것 같지 않은 노랫소리가 하루쯤 일상의 시름을 완전히 날려버린 밤이었다. 그날 그 자리에 현실의 고통이라는 작자는 끝내 끼어들지 못했다. 관악일터자활 후견기관의 '관악인문대학'에서 수강생들과 함께 한 지 2개월이 지났다. 수강생 전원이 수급자와 차상위계층이다. 여성 수강생 중 반수가 한 부모 가정의 가장이다. 그날 밤 수강생들과 함께 춤과 노래에 흠뻑 빠져들었던 우기동 교수가 철학을, 역시 그날 몸치·박치라는 걸 들키고만 내가 문학과 작문을 강의하고 있다.

지난주 개강 후 첫 회식자리가 마련됐다. 저마다 단단히 벼른 회식이라 했다. 무리도 아닌 게 그간 우 교수와 나 때문에 꽤나 고생들을 한 눈치였다. 가뜩이나 힘겨운 생활에 지치고 피곤한데 웬 놈의 철학, 문학 타령인가 하고 입을 쭉 빼면서도 단 한 차례, 단 한 번도 빠지지 않고 열심히 참여해준 분들이었다.

시답잖은 강의로 고생시킨 죄로 그날 우 교수와 나는 수강생들의 포로가 되고 말았다. 비상구조차 없는 노래방에 갇힌 채 연신 '몸치·박치'를 방치했던 지난날을 원망하면서…….

돼지갈비 집에서 소주를 곁들이며 저녁식사를 했고, 다음은 노래방이었다. 구차한 수식어 필요 없이 마냥 즐거운 밤이었다. 그러나 빌어먹을, 그 와중에 구차한 감상에 일순 눈물을 쏟아낼 위기를 맞기도 했다. 식당에 9개월 된 갓난아이를 데려왔던 애기엄마가 이런 날은 신나게 놀아야 하는 거라며 아기를 맡기고 노래방에 합류했을 때였다. 순간 묘한 감정에 휩싸이고 말았다. 들어서면서부터 흥에 겨운 표정을 짓던 아기엄마는 그날 자리가 파할 때까지 정말이지 쉬지 않고 춤추고 노래했다. 너무 예뻤다. 눈물이 날 정도로 예쁘고 멋있었다. 누군가 내게 귀띔해 주었다.

"우리, 이런 데 온 게 몇 년 만인지 몰라요."

어이없게도, 너무 잘 노는 것이 서러웠다. 너무 천진난만하게 노래 부르고, 생기발랄하게 춤추는 모습에 일순 복받쳤다. 눈자위가 뜨거워지더니 하마터면 와락 쏟아낼 뻔 했다. 순간 누군가 내 손을 잡아끌었다. 블루스 한번 춰야 한다면서……. 이리들 신명을 가진 사람들이거늘. 빌어먹을 세상, 이깟 것이 대체 뭐라고…….

사랑한다던 남자가 떠나면서 덩그러니 떠안은 아이와 남루한 살림, 한 부모 가정의 가장이 된 뒤 마음 편할 날 없었던 버거운 일상의 나날들, 그래서, 덤으로 통통한 몸매와 주변 의식하는 감정의 사치 털어내고 남은 건 씩씩한 몸짓과 억척스런 용기, 가난, 학력, 기술, 지식 따위보다 몸으로, 몸에 밴 성실과 인내심으로, 강고한 책임감으로…….

부끄럼을 타는 게 더 부끄러운 일이라는 걸 가르쳐주는 그녀들의 손짓 혹은 끌어당김에 다시 한 번 부끄러워할 수밖에 없었던 그날 밤, 명색은 블루스를 춘다고 했지만 실은 사랑이었다. 순간 그녀의 사랑을 온 몸으로 받아들이기로 마음먹었다. 덩달아 열심히 돌고, 도올~고, 다시 되돌았다.

종래 눈자위 대신 가슴이 뜨거워졌고, 머리가 맑아졌다. 날아갈 듯 기분 좋은 밤이었다. 아니, 이미 날아다니고 있었다. 내 가슴께에 머리를 파묻은 그 사랑스런 여인의 어깨에 손을 얹으며 마음속으로 외치고 또 외쳤다.

"사랑합니다. 오래오래 당신을 사랑할 것입니다."

태어난 곳이 어딘지조차 나는 모른다. 딴엔 가르쳐준다고 정릉 어드께를 들먹이는 문맹의 어머니 역시 내 고향을 모르긴 마찬가지리라. 정릉 어드께를 고향이라고 생각해 본 적은 단 한 번도 없었다. 고로 내 태어난 고향은 없는 것이나 마찬가지이고, 지금까지 내 마음 속에 남아 있는 건 마음의 고향뿐이다.

마음의 고향, 억지로 지어낸 문학 투가 아닌 진실로 소중한 내 의식의 원형이 담겨있는 곳. 사춘기의 막막함과 쓸쓸함과 고독과 낭만과 멋과 사랑과 열정과 치열한 고뇌와 성장통과 아픈 이별과 울분과 분노와 못된 배신. 끝내 공부해 보겠다고 벼른 오기와 치기와 객기와 독기, 그러한 모든 감상과 감정과 이성적 결기들이 고스란히 담겨있는 내 마음의 고향, 그곳은 20여 년 전 중계동 골짜기에 있던 야학 '상록수의 집' 이다.

죄다 규격가방을 들고 다닐 때 봉제공장 다니는 형이 토막 난 헝겊 몇 장을 기워 만들어 준 노란색 가방을 메고 다니는 게 부끄러워 서둘러 중학생이 되길 간절히 바랐었다. 식모살이 하는 엄마가 안쓰러워서 스스로 돈을 벌며 고등학교에 다니리라 마음먹었었다. 전두환 정권이 전격적으로 시행한 교복·두발자율화 덕분에, 드디어 내 손으로 돈 벌어 나이쉬, 프로스펙스 운동화 사신고 멋진 조다쉬 청바지 입고 다니면서 혼자 공부하겠다며 다니던 고등학교를 자퇴했다.

고추장 공장 견습공, 대중목욕탕 홀 보이, 당구장 심부름꾼, 백수, 건설현장 측량기사 보조원, 워커공장 견습공 따위로 2년여를 떠돈 끝에 찾아 든 둥지가 야학이었다. 신천지였다. 일단 또래 여학생과 함께 공부한다는 게 신기했고 놀라왔고 환상적이었다. 여학생들과 수시로

대화할 수 있는 문화, 그야말로 문화충격이었다.

중계동, 뚝방 정류장에서 내려 논, 밭길을 한참 동안 걸어 들어가면 느닷없이 부닥치는 허름한 기와집이 한 채 있다. 차마 쓰러지지 못해 서 있는 듯 문설주를 오갈 때마다 불안감을 불러일으키곤 하던 구옥, 그곳이 바로 10여년(1980년대 초반에 이미) 역사를 가진 전통의 명문(?) 야학 '상록수의 집'이었다.

교사들은 고려대학교의 자진근로반(보통은 '자근반'이라 줄여 불렀음) 서클학생들이었고, 학생은 대체로 주변의 공장에 다니는 남녀 직공들이었다. 중등부와 고등부로 분반된 20여명의 공원들이 저마다 청운의 꿈을 품고 부나방처럼 매일 밤마다 흔들리는 삼십촉 백열등 밑으로 몰려들었다. 고등학교 중퇴자였던 나는 고등부에 배치되어 세 명의 동료들과 함께 공부했다. 공교롭게도 셋은 모두 여자였다. 둘은 서너 살 위의 누나들이었고 한 명은 또래였다.

2년여 동안 놓았던 책을 다시 잡은 바로 그 순간, 나는 곧바로 전교 1등이었다. 들어가자마자 가장 공부 잘하는 학생이 된 나는 곧 야학 학생회장으로 선출되었다. 야학에서 발행하는 문집 '하얀꿈'의 학생편집위원이 돼 콧등, 손등에 잉크를 묻히며 등사기를 밀었다. 교사들을 따라 고려대 앞 막걸리 집을 드나들면서 '시국'이라는 말, '민주, 민족, 민중'이라는 말을 귀동냥했다.

〈어느 청년 노동자의 삶과 죽음〉을 책이 아닌 문건으로 읽었고, 리영희 선생의 〈이성과 우상〉, 김지하의 〈황토〉, 정호승의 시집 〈슬픔이 기쁨에게〉, 〈서울의 예수〉를 암송했고, 정희성의 〈저문 강에 삽을 씻고〉는 보다 가슴 깊은 곳에 묻어놓고 수시로 꺼내 읊조리곤 했다.

대학에 들어가서는 야학교사가 되었다. 훗날 가난한 사람들을 위한 교육시설을 만들고 싶다는 꿈을 품었던 시절이었다. 이리저리 허위적, 흐느적대며 20년을 허송했다. 알고 지내던 성공회 신부에게서 제안을 받았다. '가난한 사람들을 위한 인문학과정'에서 강의해보지 않겠느냐고. 20여 년 전 '상록수의 집' 교사였던, 박한용 선생까지 끌어들여 함께 강의하고 있다. 민족문제연구소 연구실장이라는 중책을 맡고 있지만 옛날 야학 제자의 제안을 뿌리치지 못할 것이라고 생각했다. 적중했다.

20여 년 전 내 고향에선 늦은 밤 수업을 마치고 집으로 돌아가는 길에 둘러 앉아 '야채떡볶이'를 사먹곤 했다. 먹는 맛보다 함께 어울리는 재미가 더 쏠쏠했다. 더러 교사들을 따라가 함께 막걸리를 마시기도 했다. 그랬던, 그런 추억을 가지고 있는 내가, 무려 2개월이 지난 뒤 첫 회식자리를 만들었다니, 관악인문대학 학생들에게 미안할 따름이다. 자주는 힘들더라도 한 달에 한 번씩이라도 흥겹게 어울릴 수 있는 자리를 만들 일이었다.

내가 사랑하는 사람과 내가 사랑하는 사람들
- 관악인문대학 1기 졸업에 부쳐

내가 사랑하는 사람

나는 그늘이 없는 사람을 사랑하지 않는다
나는 그늘을 사랑하지 않는 사람을 사랑하지 않는다
나는 한 그루 나무의 그늘이 된 사람을 사랑한다
햇빛도 그늘이 있어야 맑고 눈이 부시다
나무 그늘에 앉아
나뭇잎 사이로 반짝이는 햇살을 바라보면
세상은 그 얼마나 아름다운가
나는 눈물이 없는 사람을 사랑하지 않는다
나는 눈물을 사랑하지 않는 사람을 사랑하지 않는다
나는 한 방울 눈물이 된 사람을 사랑한다
기쁨도 눈물이 없으면 기쁨이 아니다
사랑도 눈물 없는 사랑이 어디 있는가
나무 그늘에 앉아
다른 사람의 눈물을 닦아주는 사람의 모습은

그 얼마나 고요한 아름다움인가
정호승

"나중에 우리 모두 졸업식을 맞게 되었을 때, 식 중간에 다 같이 일어서서 정호승의 시 '내가 사랑하는 사람'을 암송했으면 좋겠어요."

세 번째 문학수업이었다. '내 인생의 시 써오기' 과제를 거둔 뒤, 정호승 시인의 시집 〈내가 사랑하는 사람〉을 나눠드리며 이런 말씀을 드렸던 기억이 난다. 졸업식이 목전에 다가온 지금, 그때 그 말이 아직도 유효한지 잘 모르겠고, 솔직히 실천할 자신도 없다. 다만 한 가지, 아직도 그날 그 수업의 감동과 향기가 내 몸과 마음 깊은 곳에 오롯이 남아 있다는 것만은 확실하다.

관악인문대학의 문학수업을 떠올리면 오로지 부끄럽고 죄송한 마음뿐이다. 강의를 맡은 사람으로서 기본적인 자질과 역량이 부족한데다 준비마저 소홀해서 매 시간 진땀을 흘리며 어물쩍 시간을 때우던 기억이 되살아나기 때문이다. 그러나 강의에 참여했던 선생님들은 아랑곳하지 않고 언제나 나를 위로하고 격려해 주셨다. 어떤 분은 말로, 어떤 분은 이메일로…….

"문학 시간에 글쓰기 과제를 받을 때마다 말할 수 없는 부담감을 느꼈지만, 지나고 나서 생각해 보면 그 과제 덕분에 한 주는 소설가로, 또 한 주는 시인으로 살게 되었던 것 같습니다. 과제가 아니었다면 우리가 언제 시를 읽고 글을 써보겠습니까."

　강의를 맡은 후 첫 고민은 어떻게 하면 선생님들과 함께 어우러질 수 있을까하는 것이었다. 나 역시 선생님들과 하등 다를 바 없이 힘겹게 살아온 사람이고, 여러모로 부족한 사람이고, 가슴 한편에 남은 가난의 상처를 보듬고 사는 사람이라는 것을 솔직하게 말씀드리는 것이라 생각했다. 그리하여 강의에 참여하는 우리 모두가 진심으로 서로 공감하고 신뢰하는 사이가 될 때, 바로 그때부터 문학수업은 저절로 의미를 발하고, 저절로 즐거움을 만들어내고, 저절로 함께 어우러지는 시간이 될 것이라 생각했다. 결과적으로 그 생각은 들어맞았고, 더불어 우리들의 문학수업은 함께 웃고 함께 아파하는 함께 고민하는 시간이 될 수 있었다. 늘 매끄럽지 못한 강의가 이어졌는데도 말이다.

　관악인문대학 1기는 여러모로 어려움이 많았다. 이런 강의에 익숙지 않았던 교수들은 물론이고 자활기관으로는 최초로 인문학강좌를 기획·준비했던 운영진, 기대와 설렘 속에서 참여하기로 결심했지만 걱정이 앞섰던 선생님들 모두가 정말이지 어렵고 힘든 여정을 거쳐 왔다. 그러나 고생스런 여행일수록 기억에 오래 남는 법이라 했다. 우리 1기 모두는 고생을 감수하고 두려움을 극복한 끝에 지역에 인문학을 공부하는 대학의 씨를 뿌리고 스스로 거름이 된 용기 있는 사람들이었다. 훗날 우리들의 용기가 빛을 발하여 2기, 3기로 이어지며 점차 발전하는 관악인문대학이 되기를 바라마지 않는다.

　한 데 어우러졌다는 것, 그 외엔 이렇다하게 평가받을 만한 것이 없었던 문학시간이 못내 아쉽고 안타깝기는 하다만, 철학, 역사, 예술사를 맡았던 교수들의 열정적인 강의와 운영진의 수고 덕분에 우리 모두는 강의가 거듭될수록 서로를 이해하려 애를 쓰고, 선생님들 역시 이웃이자 동료이자 친구로서 더 한층 서로를 잘 알게 되고, 가까워지는 계기를 만들어 나갈 수 있었다.

기억될 만한 아름다운 만남들도 있었다. 공지영, 김형경 두 작가의 특강은 두고두고 얘기할 만한 1기만의 특별한 추억이 될 것이다. 성씨가 다른 세 아이를 기르는 '싱글맘'으로서 생계를 위해 불철주야 글을 썼다는 작가의 얘기를 들으면서는 사회적으로 유명하고 잘 나가는 사람도 생활이라는 강적 앞에서는 어쩔 수 없는 일개 노동자일 뿐이라는 걸 알게 되었다. 더불어 제 아무리 먹고살기가 힘든 세상이라 해도 나 혼자만 잘 살면 그만인 이기적인 삶이 아니라 타인의 삶, 특히 고통받고 힘들어 하는 이웃에 관심을 갖는 것이야말로 내 살아있음의 확실하고 결정적인 증거가 될 수 있다는 작가의 말을 통해 새삼 더불어 사는 삶의 의미를 되새기게 해주었다.

그 자신, 오랫동안 정신분석을 받아왔던 경험과 여행, 왕성한 독서를 통해 길어 올린 해박하고도 유연한 지식을 바탕으로 아주 편안하면서도 쉽게 읽을 수 있는 심리에세이 〈사람풍경〉를 내놓았던 작가 김형경 특강 또한 잊을 수 없는 값진 시간이었다. 마치 신 내린 무당처럼 선생님들의 마음을 꿰뚫으며 조언과 충고를 아끼지 않던 작가의 예리한 심리·정서분석은 우리 선생님들에게는 그야말로 지적·문화적 충격이었다. 물론 약간의 거부감과 불편함이 뒤따르기도 했다. 특강 뒤 살짝 전해주는 어떤 선생님의 말씀 중에 그 불편함의 일단이 엿보였다.

"이전에는 그냥 지나쳤던 일들을 공연히 책을 읽고 강의를 듣고, 토

론까지 하는 바람에 도리어 더 골치 아픈 고민이 되고 말았어요. 인문학과정은 저희들을 고통으로 내모는 잔인한 일이었던 것 같아요. 특히 우리들의 고통스런 심리상태를 낱낱이 드러내게 했던 김형경 특강은……. 그러나 나 자신의 삶을 소재로 글을 쓰고, 천연덕스럽게 내 고민을 다른 사람에게 털어놓기도 하고, 더러 다른 사람들도 나와 같은 고민을 하고 있다는 걸 확인했던 일은 그리 나쁘지 않았어요. 특히 그간 잃어버렸던 책 읽는 습관을 되찾게 해준 것에 대해서는 너무너무 감사해요. 이따금 받았던 책 선물도 고마웠고요."

바로 그 말씀에 인문학과정의 취지와 의미, 효과가 함축돼 있다고 생각한다. 느닷없이 엄청난 지식을 깨우쳐 얼치기 지식인이 되거나 배운 사람 행세를 한다거나, 좌우지간 이것도 대학이니 졸업장 받아두면 현실적으로 뭔가 이로운 일이 생기겠지, 하는 따위의 어리석은 생각을 하는 사람은, 적어도 우리 선생님들 중에는 단 한 명도 없을 줄로 안다. 그러나 대학이 현실을 외면한 채 의미와 취지만을 좇는 것은 위험한 일이다. 현실적 기반위에서 인문학을 실천한 '관악인문대학'의 의미도 비로소 의미가 된다.

남미 민중교육의 선구자, 파울로 프레이리는 〈페다고지〉를 통해 진정한 교육이란 "세계(모순)를 매개로 (교사와 학생이)함께 교육하는 것"이라 했다. 철학자 칸트는 "배움에서 중요한 것은 배워야 한다는 그 사실을 배우는 것"이라고 했다. 지난 1년 우리 관악인문대학은 삶을 매개로 선생님(학생)들과 운영진, 교수 모두가 함께 어울려 서로 교육했다고 할 수 있다. 적어도 우리 선생님들은 인문학을 배우는 일이 현실에 적응하는 능력을 길러주지는 않지만 현실의 모순을 이해하고 개선하여야 할 필요가 있다는 것쯤은 알게 해주었다고 자부하고 있다.

부디 우리의 지난 1년의 용기와 노력이 헛되지 않기를 바란다. 그런 의미에서 관악인문대학 1기가 남긴 발자취는 초라할망정 의미가 남다르다. 관악인문대학의 2기, 3기, 그 이후의 후배들을 위한 희망의 증거가 될 것이기 때문이다.

관악인문대학 1기를 함께 했던 모든 분들이야말로 진정 내가 사랑하는 사람들이다. 이제 많은 사람 앞에서 굳이 시를 낭송할 필요는 없을 듯하다. 이 문집을 읽는 그 순간 모든 분들이 마음속으로 내가 사랑하는 사람을 읊조리고, 음미하기를 되풀이 할 것이기 때문이다. 관악인문대학 1기를 함께 했던 모든 분들께 고마운 마음을 전한다.

노숙인 인문학은 무엇이고, 왜 하는가?

공부할 권리는 누구에게나 있다. 특히 어려운 환경에 있는 사람일수록 자신의 상황을 제대로 이해하기 위해, 그리고 무엇보다 변화를 모색하기 위해 공부를 해야 한다. 기술교육이 아닌 인문학교육이 필요한 이유다.

인문학교육은 생각하는 삶을 살게 한다. 과거를 성찰하면서 현재를 생각하게 하고, 현재를 성찰하면서 미래를 설계하도록 하는 게 인문학이다. 노숙인들이라고 생각이 없는 건 아니다. 보통 사람들보다 많으면 많았지 결코 생각이 부족한 사람들이 아니다. 더구나 그들은 세상사 돌아가는 일을 속속들이 알고 있기도 하다. 조금만 관심을 갖고 생각해보면 그렇다는 걸 인정할 수 있다.

생각해보라. 가족과 헤어지고, 경제적으로 파탄 난 사람이, 절망의 늪에서 허우적대면서 어떻게 아무 생각 없이 살 수 있겠는가. 기회만 있다면 당장이라도 노숙생활을 청산하고 그리운 가족들의 품으로 돌아가고 싶어 할 게 당연하지 않은가. 다시 한 번 기회가 주어진다면 과거의 실수와 실패를 만회하고 여봐란 듯이 새로운 삶을 살아보고 싶지 않겠는가.

그러나 현실적으로 그들이 할 수 있는 일은 별로 없다. 거기에 고민이 있다. 그 고민은 절망의 늪으로 빠져들게 하지만 때때로 철학적 사유로 이어지기도 한다.

인간은 무엇인가?
삶은 무엇인가?
왜 사는가?
삶은 왜 이다지도 고통을 야기하는가?
나는 누구인가?
절망의 구렁텅이에 빠져 있는 나는 대체 누구란 말인가?
나의 삶은 이대로 끝나고 마는 것인가?
나를 절망의 나락으로 떨어뜨린 원인은 무엇인가?
욕망의 덫에 걸린 때문인가, 신의 장난인가?
신은 존재하는가?
절제는 무엇이고, 중용은 또 무엇이란 말인가?

글쓰기 과제를 통해 숱하게 확인하는 그들의 고민이자 사유의 내용들이다. 하물며 그들의 관심은 급기야 이 사회의 구조에 대한 고민으로 치닫기도 한다. 그것이 체제불복종의 형태로 발현될지, 패배주의 혹은 숙명론으로 빠져들지는 결국 선택의 문제인 셈이다.

또한 그들은 세상사 돌아가는 일에 유난히 관심이 많은 사람들이다. 언제나 인산인해를 이루는 서울역이나 시위현장 등 사람이 많이 모이는 곳에 있어 본 경험이 많기 때문이다. 마지못해 구걸행위라도 해본

경우라면 세상사 인심의 변화도 알고 있을 터이고, 적어도 역을 오가는 사람들의 바쁜 발걸음을 관찰하며 급변하는 세상의 흐름을 읽어내기도 한다.

더구나 그들은 많은 시간을 무언가를 읽는 것으로 소일한다. 거의 모든 신문을 통독하고 심지어는 그것을 덮고 자기도 한다. 이 세상에 그렇게 신문과 가깝게 생활하는 사람들이 어디 있겠는가. 직접 신문을 만드는 사람들조차 그 정도는 아닐 것이다.

그러나 행동 없는 사유는 공허하다. 노력하지 않고 고민만 해서 달라질 건 아무것도 없다. 더 깊은 고민, 또 다른 고민만 만들어낼 뿐이다. 그 틈을 비집고 들어오는 건 무력감일 뿐이다. 무력감에 빠져들면 고통은 감당하기 힘들만큼 커진다. 정말이지 맨 정신으로는 견디기 힘들 정도다. 그저 잊고 싶을 뿐이다. 아니 잊어야 한다. 잊지 않으면 마음의 병이 된다. 우울증이다. 그 병이 무서워서 마지못해 받아들이게 되는 것 또한 질병이다, 알코올중독이라는 질병. 종교처럼 당장의 고통을 잊게 해주는 게 술이다. 그러나 술은 정신적 고통을 육체적 고통으로 환치하는 수단에 다름 아니다.

사람들은 손가락질 한다. 허기진 모습이 안쓰러워 돈을 줘봐야 밥은 사먹지 않고 술을 마신다고. 그래서 안 준다고. 그러나 그럴 수밖에 없는 이유가 있다. 밥보다 술이 더 싸다. 소주 한 병은 천원이면 사지만 밥은 몇 천원이 있어야 먹을 수 있다. 또한 밥은 잠시 허기를 면케 해주지만 얼마 못가 다시 허기를 불러온다. 술은 허기와 추위를 밥보다 오래 잊게 해준다.

그 고통스런 몸과 마음의 병이 치유하기 힘든 단계에 접어들었을 때, 뒤늦게 손을 내밀며 잡으라고 소리친 게 인문학이다. 정신적 고뇌가 깊어질 대로 깊어진 그 순간, 그 깊이의 적멸과 고요가 허무와 고통으로 변환되는 바로 그 순간. 그 찰나의 여백을 비집고 들어가 다시 한 번 몸과 마음을 마구 헤집는 것, 그게 바로 노숙인 인문학이다.

인문학이면 그냥 인문학이지 노숙인 인문학이란 뭐란 말인가. 그런 것이 따로 있을 리 없다. 그러나 편의상 노숙인을 위한 인문학 강좌의 내용들을 줄여서 노숙인인문학이라 부르려 한다.

노숙인인문학은 친절하지 않다. 오히려 더 괴롭힌다. 왜 그랬냐. 또 그럴 거냐. 이젠 그러지 말라고 귀찮게 잔소리한다. 때로 시비를 걸기도 한다. 그렇기로, 무작정 금지하고 비난하지는 않는다. 대신 스스로 반성하게 하고 후회하게 만든다. 다시 고민에 빠뜨린다. 원점에서 다시 생각해 보라고도 한다.

인문학은 정답을 제시하는 학문이 아니다. 정답을 제시하는 학문은 어디에도 없다. 단지 정답의 근사치라도 붙잡기 위해 끝없이 정진할 뿐이다. 그게 학문의 본령이다. 학문에는 완성이라는 말이 어울리지 않는다. 끝없는 과정이고, 끝없는 도야의 도정이 있을 뿐이다.

인문학은 질문하는 학문이다. 스스로에게 질문하게 하는 학문이다. 인문학은 답을 제시하기 보다는 다양한 세상사 풍경들을 예로 들어 엇비슷한 답을 찾게 해줄 뿐이다. 때로 그 예들은 가슴에 와 닿기도 하고, 전혀 다른 세상의 얘기처럼 멀게 느껴지기도 한다. 그러나 가만 들여다보라. 때로 절절하고 오싹한 느낌이 드는 예들이 있다.

과거의 사람들은 고통을 어떻게 극복했는지, 현실의 문제를 어떤 식으로 이해하고 어떻게 해결해냈는지를 보여주는 게 '역사'다. '문학'

은 현실과 상상의 세계를 교직하는 사유를 통해 현실의 문제를 보다 선명하게 들여다보게 한다. '철학'은 다시 원점이다. 끝없는 사유와 성찰을 통해 인간의 삶이 어떻게 변화하는지를 묻는다. 때로 삶이라는 것에 시비를 거는 것처럼, 때로 친절한 안내판처럼.

희망은 나의 힘

제4부

| 노숙인과 노숙자의 차이
| 편견에 휩싸인 노숙인들
| 빈곤에 대한 올바른 이해가 필요하다
| 기습 한파 속 노숙인의 일상을 좇다
| 노숙, 그리고 거리의 죽음에 대하여
| 치아사랑과 이웃사랑의 부부 치과의사 이야기
| '책 나누는 사람들'과 공지영 특강
| 얼굴 없는 착한 네티즌들 '책 나누는 사람들'
| 노숙인인문학, 과연 어떤 변화를 만들어내고 있는 걸까?
| 눈물로 얼룩졌던 노숙인인문학 첫 졸업식
| 생명, 희망을 노래하다
| '빅 이슈' 창간의 이유

노숙인과 노숙자의 차이

큰 딸 다정이의 담임선생님이 아빠의 직업을 물었었나 보다. 다정이는 당차게 대답했단다.

"우리 아빠는 성프란시스대학 교수예요."
"그럼 너희 아빠는 미국에 계시니?"

선생님에게 성프란시스대학이라는 이름은 미국 샌프란시스코의 어디쯤으로 들렸던 모양이다. 그런 질문이 나오는 것도 무리는 아니다. 다정이 담임선생님이 성프란시스대학을 알 리 없다. 우리 사회에 노숙인을 위한 인문학과정이 있다는 사실, 더구나 그 이름이 성프란시스대학이라는 사실을 아는 사람은 많지 않다. 담임선생님의 반응이 참으로 어이없다며 웃어재끼던 다정이가 내게 질문을 던졌다.

"아빠, 성프란시스대학은 어떤 대학이야? 우리 선생님도 알지 못하는 걸 보면 별로 유명한 대학은 아닌 것 같은데……."

대답할 필요가 있었다.

"다정아, 성프란시스대학은 일반 대학하고는 다르단다. 가난하고 힘든 사람들, 예를 들면 노숙인들이 다니는 특수대학이야."

그러나 간단하게 넘기려 했던 게 화근이었던 듯하다. 이윽고 다정이의 질문보가 터지고 말았다.

"그런데 아빠, 노숙인은 뭐하는 사람들이야? 텔레비전에서 봤는데, 길거리에 앉아 있던걸? 이름도 노숙인이 아니고 노숙자라고 그러던데……."

순간 멈칫했다. '노숙인' 과 '노숙자' 의 차이 정도는 몰라도 정작 노숙인이 뭐하는 사람이냐는 질문에는 쉽게 대답할 자신이 없었기 때문이었다. 아니나 다를까. 딸아이의 질문공세가 이어졌다. 노숙인은 집이 없어서 거리에서 생활하는 사람이라고 하면, 왜 집이 없는데 라고 묻고, 또 돈이 없어서라고 대답하면 그럼, 가족은? 하는 식이었다.
꼬리에 꼬리를 물고 이어지는 다정이의 질문에 더 이상 대답할 자신이 없었다. 어쩌면 당연한 일이기도 했다. 솔직히 그때까지도 나는 노숙인이 누구인지, 왜 노숙하는 신세가 되었는지를 제대로 알지 못하고 있었다. 성프란시스대학에서 강의하면서 가장 힘들고 곤란했던 게 바로 그 점이었다. 노숙인을 대상으로 강의하면서 정작 노숙인을 잘 모른다는 것, 부끄럽게도 그건 사실이었다.

평소엔 호기심 많은 다정이의 질문을 즐기는 편이었지만 그날은 대답을 뒤로 미룬 채 딴전을 피워야 했다. 그러나 다정이의 질문은 피할 수 있어도 스스로에게 밀려드는 의문을 피할 도리는 없었다.

순간 떠오르는 일이 있었다. 지난 연말 제17대 대통령에 당선된 이명박 대통령 '당선자'에 대한 호칭이 갑자기 대통령 '당선인'으로 바뀌는 해프닝(?)이 벌어졌다. 대통령 당선자의 신분이나 처우 등에 대한 관련 규정이 있을 텐데도 언론은 서슴없이 호칭을 바꿔 부르기 시작했던 것이다. 혼란스러웠다. 법에 명시된 것을 언론이 제멋대로 바꿀 수 있는 건지…….

언론에서 당선자를 당선인으로 바꿔 부르게 된 데는 나름의 이유가 있었을 것이다. 복잡하게 생각할 것 없다. 과거 장애자로 부르던 것을 장애인으로 바꿔 부르는 데서 간단하게 범례를 찾을 수 있다. '놈 자者' 자 보다는 '사람 인人' 자를 쓰는 게 훨씬 인간적이며 훨씬 인권적일 거라는 지극히 단순한 판단에서였을 것이다. 안타까운 건 그렇게 좋은 취지를 왜 유독 대통령 당선자에게만 적용하는가 하는 점이다.

언론은 여전히 노숙인을 노숙자라 칭한다. 심지어 성프란시스대학 입학식을 취재했던 기자들조차 보도 자료와 홍보자료에 명시된 노숙인이라는 말을 무시하고 습관대로 노숙자라는 명칭으로 기사를 썼다. 어이없는 건 그날 기자들이 취재했던 장소가 '노숙인 다시서기 지원센터'였다는 것. 물론 기사에선 장소명 또한 그대로 쓰지 않았다. 호기인가 객기인가.

'노숙인'과 '노숙자'의 차이

개인적으로 '자者' 자를 기계적으로 '인人' 자로 바꿔 부르는 것에는 반대한다. 그렇게 해야만 그 사람의 인권을 존중하는 것이라고 생각하지 않기 때문이다. 기자를 '기인'으로, 학자를 '학인'으로 바꾸는 건 얼마나 우스운 일인가.

예외가 있을 수는 있다. 가령 사회적 약자들의 경우 호칭만으로도 소외감이나 위화감을 느낄 개연성이 있다. 따라서 사회적 합의를 통해 약자들의 호칭을 바꿔주는 건 일종의 미덕일 수 있다. '정신 지체자'라는 표현보다는 '지적 장애인'이라는 표현이 한결 온유하다. 거기에 반대할 이유는 없다. 장애자 대신 장애인이라 호칭한지는 꽤 오래다. 노숙자를 노숙인으로 호칭하자는 주장이 나오는 이유도 거기에 있다. 대통령 당선자의 경우와는 다르다. 앞서 예를 든 기자나 학자처럼 당선자라는 표현에 비하의 의미가 담겼다고 시비할 당선자는 없을 것이다.

결국 바꿔야 할 것은 그대로 둔 채 굳이 바꾸지 않아도 될 것만 서둘러서 바꾼 셈이다. 화가 나기는 컴퓨터 한글프로그램에 대해서도 마찬가지다. 노숙자는 괜찮은데 노숙인이라고 치면 반드시 글자 밑에 빨간 줄이 나타난다. 맞춤법에 맞지 않는다는 뜻이다. 그러나 맞춤법이란 것이 결코 절대적인 기준이 되는 건 아니다. 당대인들의 사회적 합의일 뿐이다. 아직 우리 사회에선 노숙인이라는 호칭에 대한 사회적 합의가 부족하다는 얘기다. 그들에 대한 사회적 편견이 심한 현실

을 닮았다.

  결론적으로 '노숙자'와 '노숙인'에는 의미의 차이가 없다. 단지 그들을 대하는 우리 사회의 태도가 문제일 뿐이다. 노숙인을 위한 인문학 강좌의 탄생은 노숙인에 대한 우리 사회의 태도변화를 요구하는 의미도 내포돼 있다. 보통 사람들이 그렇듯 노숙인 역시 공부하면서 새롭게 사회진출을 모색하고 있는 사람들이라는…….

  성프란시스대학의 수강생들과 교류하면서 거리의 현실에 대해 얘기할 기회가 많았다. 강의시간은 물론 그 외의 시간을 함께 지내며 얘기를 나누었다. 때로 감당해야 할 밥값, 술값이 부담스럽기도 했지만 들인 이상 얻는 게 있었다. 때론 가슴 답답하고 안타까운 얘기를 듣기도 했고, 때론 이야기를 듣다가 함께 울먹였던 적도 있다.

  물론 불미스런 일도 종종 있었다. 이유 같지도 않은 이유를 내세우며 누군가를 죽이겠다고 으름장을 놓거나 인문학이고 뭐고 다 때려치우고 싶다는 푸념 반 협박 반의 불만을 들어야 할 때도 있었다. 그러면서 조금씩 노숙인들의 상황과 처지, 더러는 심리까지도 이해할 수 있게 되었다.

  노숙인은 한마디로 집이 없어 거리로 나앉은 사람들을 일컫는다. 집이 없는 이유는 다양하다. 집을 사거나 세를 얻을 경제적 능력이 없다는 점에선 마찬가지이지만, 그 보다 먼저 살펴봐야 할 것은 복잡하고 다양한 개개인의 상황과 입장이다. 그러나 우리 사회의 노숙인에 대한 시각은 천편일률적이다. 단지 집이 없고 거리에서 생활한다는 이유만으로 그들 모두를 게으르고 한심한 인간의 범주에 집어넣고 있는 것이다.

　인문학 과정에 참여한 뒤 알게 된 노숙인의 의미는 달랐다. 노숙인은 집이 없는 사람들이기도 하지만 집보다 더 중요한 게 없는 사람들이었다. 노숙인은 집이 없는 사람들일 뿐만 아니라 사람이 없는 사람들이었다. 어려움에 처해도 도움을 청할 사람이 없고, 몸이 아파도 돌봐줄 사람이 없고, 외로움을 달래줄 사람도 없다. 따라서 인문학 강좌의 궁극적인 과제는 우선 그들에게 사람을 만들어주는 일이었다. 함께 공부하는 동료들, 강좌의 실무를 맡은 사회복지사, 강좌를 지원해주는 기업의 봉사자들, 그리고 무엇보다 교수와 학생으로 만난 우리들의 관계.

편견에 휩싸인 노숙인들
- 치료가 필요한 환자에게 일어나 일을 하라고?

　쉼터를 이용하지 않는 서울역 광장의 노숙인들은 어떨까? 그 분들 대부분은 술에 절어있다. 몸에서 냄새가 나기도 한다. 가까이 다가서기조차 싫어진다. 다가설까봐 두렵다. 그 분들은 대체 왜 그렇게 자신의 삶을 갉아먹고 있는 걸까. 일단 알콜 중독일 가능성이 높다. 우울증을 비롯한 합병증에 시달리는 경우도 허다하다. 맨 정신에는 가만히 서있지도 못할 사람들이다. 몸 상태가 그런 사람들에게 다짜고짜 왜 일하지 않느냐고 따져본들 무슨 소용인가?

　그럼 왜 그렇게 자신을 방치했느냐고 따지는 건 다음 일이다. 당장 필요한 건 적절한 진단과 치료다. 그러나 우리 사회는 그분들을 위한 진료소 하나 마음대로 설치하지 못하게 한다. 서울역 앞 무료진료소를 철거하겠다는 통보를 받고 한달음에 달려가 단신 연좌농성을 벌였던 임영인 신부가 무료진료소 건립을 추진했던 이유가 그것이었다.

　2008년 2월 서울의 랜드마크인 숭례문이 불길에 휩싸였을 때 익명의 목격자는 방화범으로 추정되는 사람의 인상착의를 노숙자 차림이었다고 제보했다. 뉴스를 보고 있던 나는 그 말을 듣는 순간, 숭례문이

불에 탄 것 이상으로 분개했다.

대체 노숙자 차림이라는 게 따로 있기나 한 건지 묻고 싶다. 왜 걸핏하면 노숙인을 들먹이는 건가. 화가 치밀어 올랐지만 그건 악의라기보다는 단지 이 시대의 관성에 지나지 않는다는 사실을 먼저 받아들여야 했다.

더 기가 막힌 건 편견과 방조로 사람의 생명을 잃게 만드는 경우도 있다는 사실이다. 사고로 피를 흘리는 사람이 있다는 신고를 받고 출동한 경찰이 부상자가 노숙인인 것을 보고는 경찰차에 태우면 차에 냄새가 밴다며 미적미적 대며 병원 수송을 늦춰서 과다출혈로 죽게 만드는가 하면, 죽어가는 생명을 앞에 놓고도 밀린 벌금 140만원을 핑계로 병원 대신 경찰서로 후송해 역시 죽음에 이르게 하는 경우도 있었다. 두 사건 모두 최근 실제로 벌어졌던 일이다.

물리력을 동원한 폭력만이 폭력은 아니다. 시민으로서 당연히 누려야 할 권리와 기본적인 인권을 무시당한 채 차가운 거리에서 배회하게 방치하는 것, 그것이야말로 한 인간에 대한 사회적, 구조적 폭력에 다름 아닐 것이다. 바로 노숙인들이 그러한 인권의 사각지대에서 무차별 폭력에 시달리고 있는 사람들이다.

노숙인에 대한 사회적 냉대는 당연하다는 주장을 펴는 사람도 있다. 스스로 초래한 일이니 알아서 감내하라는 게 우리 사회가 그들에게 되돌려주는 폭력적 주문인 것이다.

그러나 거리에 노숙인이 넘쳐나게 된 결정적인 원인은 따로 있다. 주지하다시피 노숙인이 양산된 시기는 1998년 IMF외환위기 직후였다. 개인의 능력으로서는 해결할 수 없는 불가항력적인 장기불황의

쓰나미가 할퀴고 간 상처를 고스란히 떠안은 사람들은 공교롭게도 힘없는 서민들뿐이었다. 개중엔 무리한 주식투자나 사업실패로 불행을 자초한 사람들도 있을 것이다. 그러나 보다 근본적인 원인을 제공한 건 국가와 재벌들의 방만한 경영행태였다는 게 중론이다.

10년의 세월이 흐른 지금 국가경제는 다시 기지개를 켜고 있고, 재벌들은 여전히 위세를 떨치고 있다. 그러나 10년 전이나 지금이나 서민들은 여전히 허리띠를 졸라맨 채 고통을 전담하고 있다. 와중에 그 고통을 견디지 못하고 떨어져나간 사람들이 바로 노숙인이다.

동정이나 연민을 가져달라는 말이 아니다. 더 이상 흔들지 말아달라는 거다. 더 희생할 여력이 없는 사람들이다. 일자리나 주거문제를 해결해주기는커녕 무턱대고 손가락질하고 비난하지는 말아 달라는 거다. 치료가 필요한 환자에게 왜 일하지 않느냐고 손가락질을 하는 건 너무 잔인한 일이다.

빈곤에 대한 올바른 이해가 필요하다

 미국 발 금융위기의 해일이 한반도를 강타하고 있지만 정부는 한사코 위기가 아니라 불신이 문제일 뿐이라고 강변한다. 닮았다. 꼭 11년 전 이맘때의 정부의 태도가 그랬다. 그로부터 1년 뒤의 모습만은 닮지 않기를 간절히 바랄 뿐이다.
 금융권에서 촉발된 신용의 위기는 어느덧 실물경제의 위기로 달았다. 정부가 은행부채에 대한 지급보증에 나서는가 하면, 한국은행이 유래 없이 큰 폭의 금리인하를 단행하는 등 절치부심하고 있지만 시장의 반응은 싸늘하기만 하다. 한-미 통화스와프 체결로 한숨을 돌리는 듯했지만 그게 근본적인 해결책일 수는 없다. 은행은 또 다시 신뢰를 잃었고, 기업에는 자금이 말랐으며, 가계부채 부담이 는 중산층은 속이 타고, 젊은이들은 레디메이드 인생이 되고, 서민들은 점차 로또 인생으로 전락하고 있다.
 와중에 비명 한번 못 지르고 비명에 횡사하는 이들이 있다. 극빈층이다. 인도적 위기의 징후가 도처에서 발각되고 있어서다. 인도적 위기하면 흔히 식량난에 시달리는 북한에 식량지원이 감소하고 있다거나 선진국들이 아프리카 대륙의 기아와 질병 문제를 외면하는 것 등을 떠올리게 된다. 맞다. 그러나 우리 사회에도 인도적 위기가 똬리를 튼 지 오래다. 주범은 양극화이며, 공범은 일상적 경기불황과 각박해진 인심이다.

해마다 수백 명의 노숙인이 거리에서 사라지고 있다. 노숙을 청산한 게 아니다. 주검으로 변해 어디론가 실려 가기 때문이다. 그런가 하면 십년 전 IMF외환위기를 기점으로 증폭됐던 노숙인의 수가 줄어드는가 싶더니 최근 다시 늘고 있다. 역 주변 무료배식소의 행렬이 길어지고 있으며, 노숙인 쉼터의 대기 순번이 늘어지고 있다. 청년 노숙인도 급격히 증가하고 있다. 서울시와 경기도의 노숙인 쉼터 이용자수가 올해 9월을 기점으로 급격하게 증가하고 있는 것으로 나타나고 있다. 그런데도 정부의 복지예산은 제자리걸음에 머물고, 기업과 시민들의 기부행렬도 줄어들고 있는 형편이다.

10년이면 강산도 변한다는데, 어인일인지 노숙인 문제는 10년 전보다 더 심각하다. 대책이 세워지지 않는 이유가 뭘까? 우선 접근방식에 문제가 있기 때문일 것이다. 빈곤에 대한 관점의 오류를 시정해야 한다. 그간 정부와 정치권은 빈곤을 분배의 문제로 인식해 왔다. 잘못된 인식이다. 본질적으로 빈곤은 관계의 문제일 수밖에 없다. 분배의 문제로 보는 것은 본말의 전도이며, 그건 필연적으로 정파적 이해로 이어진다. 보수니 진보니, 분배우선이니 성장우선이니 하는 따위의 말장난식 탁상공론 말이다. 인식이 잘못됐으니 대안이 안 나오는 건 당연하다.

관계의 문제란 빈곤이 사회구조의 문제라는 뜻이다. 그래서다. 빈곤문제를 개인의 운이나 성실도, 사회적응력의 문제로 치부·매도·

왜곡하기 전에 먼저 우리사회의 제도와 프로세스의 문제를 점검해야 한다. 빈곤층의 변화를 요구하기보다는 우리사회의 인식과 구조의 변화가 선행되어야 한다는 말이다. 그래야만 비로소 해결책을 찾을 수 있다.

예전 시골마을엔 '치숙痴叔' 혹은 '걸인乞人' 한두 명쯤 있었지만 그들을 내치거나 외면했다는 얘기를 들어본 바 없다. 그들 역시 엄연한 공동체의 일원으로서 대접받았기 때문이다. 그게 우리네 인심이고 전통이었다. 오늘날 도시의 인심은 어떤가? 각박해진 인심도 구조적 모순, 관점의 오류와 함께 인도적 위기의 한 축을 이루고 있는 현실이다. '사람은, 그 자체로 관계 (인간人間)'라는 신영복 선생의 말을 귀담아 들어야 할 이유다.

기습 한파 속 노숙인의 일상을 좇다

　기온이 영하 7도로 떨어진데다 매서운 바람이 쉬지 않고 불어대는 통에 서울역 광장의 체감온도는 족히 영하 15도가 넘는 듯하다. 살을 에는 듯한 고통을 느끼며 광장 한복판에 서 있으려니 저절로 발가락에 힘이 들어간다. 그렇게 삼십여분을 서서 둘러본 서울역 주변 풍경은 을씨년스럽다 못해 황량하기까지 하다.

　12월 5일(금) 오후 1시, 평소 광장을 매우고 있던 그 많은 거리의 노숙인들은 죄다 어디로 사라진 것일까. 밤새 한파와 씨름하다 지쳐 나동그라져버린 건 아닐까. 과연 살아남기는 한 걸까. 의문과 염려를 떨쳐내지 못해 지인에게 전화를 걸어본다. 서울역 앞 쪽방촌에서 빈민 운동을 하고 있는 '동자동사랑방' 엄병천 대표의 설명은 명료하다.

　"대부분 식사하러 갔을 겁니다. 아니면 동전 나눠주는 교회에 가서 줄을 서고 있거나. 아무래도 이렇게 추운 날은 좀 더 따뜻한 데를 찾아 다니지 않겠습니까."

　저녁 식사를 제공하고 있는 노숙인쉼터 '구세군 브릿지' 쪽으로 걸어가 본다. 종로학원 뒤편 공원 입구에서 만난 꽤 낯이 익은 노숙인 역시 무료배식소로 걸어가고 있는 중이다. 내친 김에 배식소 음식이 어떠냐고 물어본다.

"오후 5시부터 배식을 시작하는데 그걸 얻어먹으려면 지금부터 줄을 서야 합니다.(오후 1시 30분 경) 밥 한 끼 얻어먹기 위해 4시간을 허비하는 셈인데 그렇다고 굶을 수는 없지 않습니까. 밤새 추위와 싸우려면……."

배식소와 쉼터를 운영하는 구세군브릿지 최영민 팀장에게 혹한기 대비책에 대해 물어본다.

"날씨가 추워지면 아무래도 배식인원을 늘리고 아웃리치(Outreach) 활동을 강화하게 됩니다. 쉼터 이용을 꺼리거나 위급한 상황에 놓인 분들을 위해 서울시의 지원을 받아 쪽방이나 고시원을 활용한 긴급구호방이나 일시보호소를 운영하고 있습니다."

그만하고 집으로 가자던 마음은 전철을 타고 채 두 정거장을 가기도 전에 바뀌고 만다. 내친 김에 영등포역도 좀 살펴보자. 낮 시간, 역사 통로를 장악하고 있는 건 예의 철도공안들이다. 삼엄한 경계라 해도 무방할 만큼 긴장한 낯빛으로 역구내를 순찰한다. 밤엔 어쩔 수 없었을 것이다. 특히 어젯밤처럼 기습 한파가 찾아왔던 날엔. 어젯밤 이곳엔 수 십 명의 노숙인들이 진을 치고 있었을 것이다. 그러나 지금 이 시간(오후 2시 30분 경), 노숙인들은 눈에 띄지 않는다. 어디로 가버린 걸까. 역사를 나서려는 순간 마치 일행에서 이탈해 길을 잃은 철새들처럼 처량해 보이는 두 명의 노숙인이 철도공안의 잔소리에 인상을 찌푸리고 앉아 있을 뿐이다.

역 밖으로 나서자 마치 기다렸다는 듯 칼바람이 목덜미를 훑고 지나간다. 옷깃을 세워보지만 어림없는 일이다. 롯데시네마 앞에도 노숙인들의 모습은 보이지 않는다. 역시 어디론가 사라져버렸다. 그 많던 노숙인들은 죄다 어디로 숨어버린 것일까. 두어 차례 바람이 지나간 뒤 바람 끝에 실려 온 듯 커다란 배낭을 멘 노숙인 한 분이 힘겨운 걸음으로 앞을 지난다. 다다서서 말을 건다. 어디로 가시는 길이냐고, 식사는 하셨느냐고. 위아래로 훑어보더니 웃는 낯으로 말을 받는다.

"천원만 줘, 배고파." 돈을 건네자, 또 다시 한마디 한다. "한 장 더 줘." 배낭 속엔 침낭과 옷가지, 수건, 간단한 취사도구가 들었다며 굳이 보여준다. 라면도 두어 봉이 들어 있다. 비상식량이란다. 내가 건넨 돈으로도 라면을 사놓을 거란다. 비싼 컵라면 사먹는 애들은 이해가 안 된단다. (언뜻 이해되지 않는 말이지만 따져 물을 것까지야 있겠는가) 노숙인인권실천단 활동을 하고 있는 최선미 씨에게 전화를 걸어 어젯밤 아웃리치 거리상황에 대해 질문해 본다.

"어젯밤엔 거리에 계신 분들에게 침낭 15개를 나눠드렸어요. 노숙하시는 분들이 늘면서 바람막이용으로 쓸 박스조차 구하기 힘든 상황이에요. 예년엔 좀 규모 있는 단체에서 침낭을 많이 구해서 나눠주곤 했는데, 올핸 그마저도 구하기 힘드네요."

노숙인이라고 마냥 쭈그려앉아 있는 건 아니다. 보통 사람들이 그렇듯 그들도 주간엔 생존을 위해 분주히 움직인다. 차이가 있다면 동선이 단순하다는 것뿐. 영등포역 앞을 지나던 노숙인의 말이 집으로 돌아오는 내내 귓가에 맴돈다.

"오늘 당신이 준 2천원으로 앞으로 사흘은 버틸 수 있게 됐다."

노숙, 그리고
거리의 죽음에 대하여

지난주 또 하나의 생명이 거리에서 스러져갔다. 노숙인 쉼터 '구세군 브릿지'에서 강의를 마치고 나서는 내게 수강생 중 한 분이 귀띔해준 말이다. 문제는 그의 불행에 대해 제대로 아는 사람이 없다는 사실이었다.

사건의 개요는 대략 이렇다. 한 노숙인이 서울역 인근의 거리에서 갑자기 쓰러졌다. 거리의 동료들이 119에 신고했고, 곧 구급차가 국립의료원으로 실어갔다. 병원에선 급히 뇌수술을 했다(어떻게, 어떤 수술을 했는지 아는 사람은 의사 외엔 아무도 없다.). 그러나 그는 끝내 의식을 회복하지 못했다. 그는 지금 국립의료원 응급중환자실에서 산소 호흡기에 의지해 겨우겨우 숨을 쉬고 있을 뿐이다.

이틀이 지난 후 신당동 여성노숙인 쉼터에서 강의를 마친 뒤 늦은 밤 국립병원 중환자실을 찾았다. 간호사 한 분이 환자들을 돌보고 있었다. 면회시간이 아니어서 조심스럽게 환자의 이름을 대며 면회를 요청했다. 마침 그의 침상 옆에 있던 간호사는 면회시간이 아니니 잠깐만 보고 가라고 일러줬다. 산소 호흡기는 뗀 상태였고, 힘겹게 숨을 쉬는 소리가 들렸지만 의식은 전혀 없는 상태였다. 환자의 상태를 알

수 있느냐고 물었지만 간호사는 단호했다. 보호자가 아니면 아무 것도 말해줄 수 없다는 것이었다.

답답했다. 다시 간호사에게 매달릴 수밖에 없었다. 내일 다시 오면 의사 선생님을 만날 수 있는지, 수술 경과가 어떤지, 대체 어떤 수술을 한 건지, 수술을 하려면 환자나 가족의 동의가 필요한 것이 아닌지…….

부질없는 짓이었다. 돌아오는 답이 간결하고 명료하다.

"국립의료원이기 때문에 노숙자(부랑자)의 경우, 동의 없이 수술할 수 있습니다. 또한 보호자가 아니면 의사 선생님을 만날 수 없고 만나주지도 않을 것이며, 설령 만난다한들 아무 말도 안 해줄 것입니다."

차마 발걸음이 떨어지지 않았다. 그러나 바삐 움직이는 간호사를 더 이상 채근할 수 없었다. 병상 위에 적힌 주치의의 이름만 확인한 채 발길을 돌릴 수밖에 없었다. 그리고 생각했다.

불쌍한 사람……. 기적이라도 일어나길 바랐다. 훌훌 털고 일어나길 간절히 바랐다. 그러나 비전문가인 내가 보기에도 그럴 가능성은 희박해 보였다. 다시 생각했다. 일순 화가 났다. 그렇게 또 하나의 생명이 자신의 병명도, 증상도, 어떤 수술을 어떻게, 왜, 누가 했는지도 모른 채 스러져가고 있구나. 아, 가엾은 인생이여…….

쓰러진 이는 성프란시스대학의 인문학 과정에 참여했던 분이었다. 여느 노숙인과 달리 성격이 활달하고 적극적이어서, 자신도 어려우면서 오히려 남을 돕는 일에 열의를 보이던 사람이었다. 말기암 환우들을 돕는 봉사활동에 참여하는가 하면, 간혹 돈을 벌면 교회에 나가 봉사활동을 하며 더 어려운 동료들을 돕던 사람이었다. 서울역 주변 노

숙인들 사이에선 모르는 이가 거의 없을 정도로 꽤 알려진 사람이기도 했다. 한마디로 거리의 돈키호테였다.

해마다 300명 이상 거리에서 생명을 잃고…….

그게 어디 새삼스런 일인가. 그렇게 거리에서, 병원에 실려 가서 원인도 모른 채 죽거나, 어두운 뒷골목 혹은 거리 한 복판에서 쓰러져 죽는 이들이 한해 평균 300~400명에 이른다. 그러나 우리 사회에 거리의 죽음에 대해 관심을 갖는 사람은 별로 없다. 정부도 지자체도 시민사회단체도, 정치인도, 기자도, 진보인사들도 유독 거리의 죽음에는 침묵한다.

그저 조용히 죽어갈 뿐이고, 그러면 또 다시 아무 일 없었다는 듯 도심의 휘황찬란한 네온싸인은 돌고 돌고 돌기만 할 뿐이다. 살려달라고 애원 한 번 못한 채, 소리쳐 비명한 번 제대로 지르지 못한 채, 한 생명 두 생명, 열 명, 스무 명, 백 명, 이백 명, 삼백 명의 생명들이 쓸쓸히 우리 곁을 떠나고 있다.

아래의 글은 인문학강의에 참여한 어느 노숙인이 "먼저 떠나간 동료에게 보내는 편지"이다.

먼저 떠난 나의 친구에게

나의 친구이며, 형이 되며, 나의 조카였던 무진이 자네가 소천한 것이 벌써 2년이 넘었다는 것을 편지를 쓰면서 새삼 느꼈다네. 나는 자네의 친구로서 자네의 죽음에 대한 소식을 접하고도 병원을 찾아가지 못한 것이 참 후회가 된다네. 그리고 자네의 죽음 뒤가 궁금하여 이렇게 편지를 써 본다네. 나는 자네의 죽음이 안타까웠고, 마음으로 많이 괴로웠다네.

무진이 자네가 나를 알고 많은 이야기를 나누었지, 어린시절부터 지금까지 살아온 이야기들을 서로가 허심탄회하게 우리는 이야기 하였었지. 무진이 나는 자네에게 운전을 가르친 것을 무척 후회하고 있다네. 자네가 운전면허증을 발급 받음으로 자네의 죽음이 더 빨리 왔음을 나는 안다네. 운전을 하는 것을 무척 좋아했던 무진이 자네는 요즘 무엇을 하는지 궁금하다네. 나는 하나님의 불마차를 몰고 다닌다면 참 좋을 것이라 생각을 해 보았다네.

무진이 자네는 지금 하나님의 나라에서 즐겁고 평안하게 잘 지내겠지. 그래 이 땅에서 고통 받고, 슬프고, 외롭고, 괴로운 이들을 위하여 기도는 하고 있겠지. 모두가 자네의 형제자매가 아닌가. 하나님 안에서 말이야. 이 세상이 살기가 힘들어서 먼저 간 형제들은 만나 보았겠지. 모두들 잘 있으리라고 나는 믿고 있다네. 사람들이 사는 이 세상에서 외롭고 힘들게 살았으니 죽음의 저 편에서는 즐겁고 평화로운 나날들을 보내고 있을 것이라 생각하고 그렇게 믿고 있다네.

이곳은 벌써 아침저녁으로 쌀쌀하다네. 노숙을 하는 형제들이 많이 걱정이 되는 요즘이라네. 이불이나 침낭이 없으면 자네와 내가 좋아하던 맑은 물을 먹고 잠들 수밖에 없지 않겠나.

나의 형제 무진아.

나는 올해 술을 먹고 사고를 두 번이나 저질렀다네. 두 곳에서 벌금

이 얼마나 나올지 모르겠으나 이 일이 어쩌면 나의 생명을 연장시켜 줄 일일수도 있다고 생각을 한다네. 벌금을 낼 수 없으니 담배와 술이 없는 곳에서 벌금의 액수만큼 지내야 하지 않겠나.

나는 추석을 전후해 많은 술을 마셨다네. 병원에 갔더니 좀 야단을 맞았다네. 자네는 술을 오십일 정도 마시고 몸을 추슬러서 용산보건소에서 피 검사를 하였더니 아무런 이상이 없다며 무척 좋아했었지. 그렇게 술을 먹었는데 이상이 없다는 게 자네는 이상하지 않았는지, 이상이 있어야 정상적이지 않은가 말일세. 술 때문에 손과 발의 피부껍질이 다 벗겨졌는데 어떻게 아무런 이상이 없다고 하였는지 이해가 되지 않는다네.

이정준이란 형제도 올 초에 떠났다네. 물병에 항상 술을 담아가지고 다니면서 먹더니 자네가 있는 그곳으로 떠나버렸네, 네가 좀 강압적이지 못하였던 것이 못내 아쉬움이지만 말일세. 과도한 술이 사람을 망치고 끝내는 죽음으로 몰아간다는 것을 알면서도 중독이 되면 자꾸 마셔야 하니 참 술이란 것을 무서워해야 하는데, 그것이 그렇지 않으니 말일세.

외로웠던 나의 형제 무진아. 자네가 소천하기 전 마지막 겨울에 자네는 나에게 몇 번 이야기 하였지. 자네 방에서 같이 생활하자고. 그러나 나는 거절했었지. 이유가 있었다네. 그 이유는 자네나 나 자신 둘 모두가 술을 시작하면 그칠 줄을 모르는 것이 이유였다네. 내가 자네와 생활을 하게 되면 나 때문에 자네가 더 망쳐질까 봐 그것이 염려되어 한사코 거절을 하였다네. 자네가 이해하였으리라 믿지만 무척 미안하였던 그때의 나의 마음은 자네의 방을 나설 때는 무척이나 서글

폈다네.

　형제, 나의 형제 무진아.

　나를 위하여 기도를 좀 해다오. 그리고 하나님께 나의 이야기도 잘 해주고 나도 이 세상의 사람들을 위하여 기도할게. 그럼, 다음에 또 편지를 하겠네. 언제나 평안하리라 믿으며…….

치아사랑과 이웃사랑의 부부 치과의사 이야기

"1년에 두분 씩만 보내주세요. 그 이상은 좀 힘들 것 같아요."

안산에서 치과를 운영하고 있는 치과의사 김종여 씨가 내게 했던 당부였다. 두 번째 노숙인의 치료를 부탁한 뒤 고마움을 표하기 위해 아내와 함께 찾아갔던 자리에서였다.

김종여 씨는 남편, 여동생과 함께 안산시 초지동에서 '우리치과'를 운영하고 있는 분이다. 부부가 모두 치과의사인 데다 동생 역시 간호사여서 말 그대로 가족 모두가 나선 가족병원인 셈이다.

치과의사 김종여 씨를 처음 만난 건 모 인터넷 서점에서였다. 노숙인을 위한 인문학강좌인 성프란시스대학에서 강의를 시작한 뒤 인터넷서점 블로그에 수강하는 노숙인 선생님들에게 책을 보내주고 싶다는 의견을 올린 것이 계기가 돼 함께 〈책 나누는 사람들〉을 결성하면서부터였다.

성프란시스대학이 2학기 종강을 향해 치달을 무렵 문제의 사건이 벌어졌다. 인문학 수강 뒤 자활의지를 불태우며 택시운전을 시작했던 수강생 선생님이 있었다. 최씨 성을 가진 분이었다. 문득 그분이 점점 말라가고 있는 걸 보게 되었다. 그렇게 2주쯤 지났을까. 완전히 뼈만 남은 앙상한 몰골로 강의실에 앉아있는 그분께 자초지종을 물어보았다.

택시 일을 시작하긴 했지만 당장 방을 얻을 돈은 없어서 24시 사우나에서 생활하고 있다고 했다. 어느 날 자고 일어나보니 머리맡에 놓았던 틀니가 없어지고 말았단다. 40대 후반이지만 풍치 때문에 오래전부터 완전틀니를 하고 있었던 그 분은 틀니가 없어진 뒤 밥은 전혀 먹을 수 없었고, 우유나 두유 등으로 끼니를 해결하고 있었다고 한다. 그렇게 2주 정도 지나니 살이 완전히 빠지더라는 거였다.

듣는 순간 속이 상했다. 왜 진작 얘기하지 않았냐고 타박했지만 딱히 도울 방법이 떠오르지 않았다. 틀니를, 그것도 전체 틀니를 해야 한다니 우선 겁부터 났다. 몇 백만 원은 족히 들것이라 생각해서였다.

난감해 하던 차에 마침 치과를 운영하고 있는 김종여 씨가 떠올랐다. 전화하는 데만 일주일을 망설였는데 돌아온 대답은 너무 간단하고 명료했다.

"그런 일 하라고 우리 같은 사람이 있는 거잖아요. 어서 보내세요."

재료비는 커녕 기본 시술비에도 못 미치는 저렴한 가격으로 멋진 틀니를 맞춰주었다. 더군다나 당장 돈을 받은 것도 아니었다. 버는 대로 차차 갚으라고 했다는 거였다. 새롭게 틀니를 하고 나타난 최씨 선생님은 인물이 훤해 보였다.

그렇게 첫 인연을 맺었고, 다시 일 년이 지난 어느 날이었다. 수원광

역자활에서 운영한 인문학 과정에 참석했던 선생님들과 술자리를 갖게 되었을 때였다. 직접 강의에 참여하진 않았지만 강좌개설에 관여했던 인연으로 심심찮게 회식자리에 끼곤 했던 터였다. 거기 수료생 중에 건장한 청년이 한명 있었다. 인물도 좋고 건강해 보였는데, 말할 때마다 고개를 숙이거나 손으로 입을 가리는 습관이 눈에 거슬렸다.

아니나 다를까. 앞니 대부분이 망가져있었다. 몇 년 전 일을 하다 사고로 다쳤는데, 치료비가 없어 그대로 방치하고 있다는 거였다. 얼핏 뽑아본 견적이 6백여만 원이었다며 그 돈이면 우선 방을 얻어야할 판, 치과치료는 엄두도 못 내고 있다는 거였다.

망설인 끝에 다음날 안산 우리치과에 전화를 걸어 자초지종을 설명했다. 이번에도 김종여 씨는 흔쾌히 대답했다.

"일단 보내세요, 뒷일은 걱정하지 말고"

혼자 가는 걸 두려워하는 청년에게 길 눈 밝은 동료 수강생을 붙여 함께 찾아가 보라며 우리치과의 주소와 전화번호를 알려주었다. 한 달여 후, 그 청년에게서 전화가 왔다. 감사하는 마음을 표하기 위해 막걸리 한잔 받아주고 싶다는 거였다. 다시 만난 청년은 역시 인물의 훤해져 있었다. 무엇보다 자신감을 회복한 것이 보기 좋았다.

그러고 보니 치아는 단순히 신체의 일부분이기만 한 것이 아니었다. 자신감이요, 자존심이기도 했다. 젊은 나이에 이를 잃었다면 그건 자신감을 잃은 것에 다름 아닌 것이었다.

자신감을 회복한 청년은 잊을 만하면 나를 찾아와 술잔을 기울이자고 보채곤 한다. 부담스럽기도 하지만 마음이 고마워서 넙죽넙죽 술잔을 받아주곤 했던 기억이다. 재주는 곰이 부리고 돈은 뗏놈이 번다고, 내가 꼭 그 짝이었다.

몇 달 후 이번에는 아내의 치과 치료를 위해 우리치과에 다시 들렀다. 이번에는 제대로 돈을 지불하고 치료할 요량이었다. 아내는 그 병원에서 무려 네 개의 임플란트를 해 넣었다. 부담스런 돈이었지만 그 역시 할부로 내도 좋다는 배려 덕분에 선뜻 시술을 시작할 수 있었다. 무엇보다 믿음과 신뢰가 있었기에 집근처 치과를 놔두고 수원에서 안산까지 우리치과로 다니게 된 것이었다. 아내에 이어 큰 애, 작은 애까지 어느덧 우리치과는 우리식구의 주치병원이 되고 말았다. 아내의 치과치료를 위해 함께 갔을 때 우리치과 원장, 부원장인 부부는 농담조로 내게 이런 말을 했다.

"어려운 분들 보내는 건 좋은데, 1년에 두 분 씩만 보내주세요. 이 이상은 좀 부담스러워서요."

다시 일 년이 지난 작년, 서울 영등포 '보현의 집'에서 내게 인문학 강의를 들었던 노숙인쉼터의 청년 한 명을 다시 안산으로 보냈다. 보내면서 이렇게 얘기했다.

"올해는 아직 한명 더 남은 겁니다."

소리 소문 없이 이웃사랑을 실천하는 분들을 만나면 덩달아 기분이

좋아진다. 유달리 내 주변엔 그런 사람들이 많다. 노숙인 인문학 과정에 책을 보내주는 건 기본이고, 행사 때마다 후원금을 보내주는 고마운 분들, 치과의사 김종여 씨 부부처럼 단순히 치과치료가 아닌 자존심과 사랑을 시술하는 것으로 이웃사랑을 실천하는 고마운 분들, 자신도 노숙인쉼터에서 지내고 있으면서 더 힘들어 하는 동료들을 위해 기꺼이 시간과 노력을 아끼지 않는 인문학 수료생들…….

그런 분들이 있어서 세상은 아직 살만한 건지 모른다. 나 또한 많이 힘들고 괴롭지만 여태 포기하지 않고 버티고 있는 건 치과의사 김종여 씨와 같은 고마운 분들 덕분이다.

'책 나누는 사람들' 과 공지영 특강

글쓰기 과목을 맡고난 뒤 가장 큰 고민은 어떻게 하면 글을 쓰게 할 수 있을까였다. 쉽지 않은 일이었다. 하루하루 생계선상에서 고통 받고 있는 이들에게 글을 쓰라고 주문하는 건 한가하다 못해 철지난 소리가 될 수 있는 일이었다.

생각한 끝에 우선 읽을거리를 제공하는 게 순서라는 결론을 내렸다. 읽을거리를 주고 함께 읽은 뒤 그것에 대해 대화하면서 자연스럽게 글쓰기를 유도하는 것이 나을 성 싶었다. 문제는 책을 구하는 방법이었다. 강사료로 받는 돈으로는 20여명에게 책을 사줄 만한 액수가 못되었다. 고민 끝에 인터넷서점에 있는 내 블로그에 글을 올려보기로 했다.

"노숙인을 위한 인문학강의에 참여하고 있습니다. 제가 맡은 강의는 글쓰기입니다. 글쓰기의 방법을 가르친다기보다는 글쓰기의 필요와 의미를 공유하기 위한 시간이라 할 수 있습니다. 글을 쓰게 하려면 먼저 읽을거리를 제공하는 게 맞는 순서일 듯합니다. 그러나 노숙상태에 있는 우리 선생님들은 책을 살 형편이 못됩니다. 제가 받는 강사

료 역시 20여 명의 선생님들 모두에게 책을 사드릴 수 있을 만큼의 액수가 되지 못합니다. 안타깝습니다."

내 블로그를 방문한 이웃블로거들이 반응을 보이기 시작했다. 며칠 후 만난 몇몇 블로거들과 전격 만남이 이루어졌고, 그 만남에서 작지만 소중한 결의가 이루어졌다. 그 분들 중 누군가 노숙인 선생님들에게 필요한 책을 지속적으로 공급해주기 위해 온라인 모임 〈책 나누는 사람들〉을 결성하자는 제안을 내놓았다. 제안은 곧바로 받아들여졌다. 그날 모임의 멤버, 즉 인터넷서점에 〈책 나누는 사람들〉이라는 클럽을 만들기로 결의한 사람은 총 4명이었다. 각자 닉네임으로 만난 그 분들은 마리에띠, 파랑장미, 인식의힘, 그리고 나.

〈책 나누는 사람들〉이 1차로 지원한 책이 바로 공지영의 소설 『우리들의 행복한 시간』이었다. 클럽 회원들이 갹출한 돈을 모아 출판사를 통해 책 22권을 일괄 구매해 수강생 전원에게 나눠주었고, 다시 일주일 후 내 손에 앞서 소개한 글을 포함한 스무 편 정도의 독서 감상문이 들어왔던 것.

감동적인 글의 여운은 계속 이어졌다. 이번에는 출판사에서 연락이 왔다. 인터넷을 통해 소개한 성프란시스대학 수강생의 글을 공지영 작가의 공식 블로그로 옮겨가고 싶다는 것이었다. 순간 장난기가 발동한 나는 출판사에 공지영 작가의 특강을 제안했다.

마침내 1학기 종강 무렵 공지영 작가의 특강이 이루어졌다. 공 작가 특강에 대한 선생님들의 기대는 대단했다. 손꼽아 기다리는 분도 있었다. 특강이 열리던 날, 임영인 학장을 비롯한 대학의 모든 식구들이

들뜬 분위기로 강의실에 모였다. 〈책 나누는 사람들〉 회원들도 함께 했다. 2005년의 해가 저물던 무렵이었고 그 날은 유난히도 추운 날이었다.

강의실 밖으로 작가 마중을 나갔던 나는 긴장과 추위 탓에 콧등이 시뻘게졌고, 땅위로 올라오는 한기 때문에 한껏 몸을 움츠릴 수밖에 없었다. 그런데 이게 어찌된 일인가. 약속한 시간이 다 됐는데도 작가의 모습이 보이지 않는 게 아닌가. 불안한 마음에 전화를 해봤더니, 아뿔싸. 우리는 광화문 성당에서 기다리고 있는데 작가는 부천 성공회대학교로 가고 있다는 게 아닌가. 순간 당황했다. 어찌나 당황했던지 썰렁한 농담으로 변명을 대신하고 말았다.

"역시 작가는 대단한 분입니다. 시도 때도 없이 작품을 쓰고 있으니 말입니다. 오늘은 그냥 특강만 하면 될 텐데, 그것만으론 서운했던 모양입니다. 공지영 작가는 지금 도로 위에서 새로운 이야기를 만들고 있다고 합니다. 제발 오늘 쓰는 작품은 단편이었으면 좋겠습니다. 부천 쪽에서 서울로 다시 돌아오려면 아무래도 장편이 될 듯해서 염려스럽긴 하지만 말입니다."

천만다행으로 그날 작가가 거리에서 쓴 작품은 단편도, 장편도 아닌 중편이었다. 작가가 한 시간 여 동안 도로에서 중편소설을 쓰고 있는 동안 우린 나름대로 의미 있는 시간을 보낼 수 있어 좋았다. 그러고 보면 그 역시 작가의 구상 속에 들어 있었던 게 아니었을지. 작가의 지각 덕분에 우린 왕년에 음악활동을 했던 선생님의 피아노 반주에 맞춰

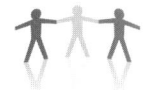

교가를 연습하기도 했고, '책 나누는 사람들'과 인사를 나누는 시간을 갖기도 했다.

작가의 특강은 세실레스토랑에서 진행됐다. 주로 〈우리들의 행복한 시간〉을 집필하면서 보고 느끼고 만나고 겪었던 새로운 것들, 말하자면 사형수와 사형제도 등에 관한 작가의 신념을 피력하는 내용이 주를 이루었다. 예의 작가는 정연한 논리와 풍부한 감성으로 잔잔하면서도 뜻 깊은 이야기를 들려주었습니다.

"작품을 위해 사형수들을 만나면서 많은 생각을 하게 되었습니다. 취재 도중 저 역시 누군가를 죽이고 싶다는 충동을 느꼈던 적이 한 두 번이 아니었다는 사실을 새삼 확인할 수 있었습니다. 그런데 왜 그들과 나는 다른가를 생각해 봤습니다.

뒤늦게 발견한 게 있습니다. 그들의 삶에는 분명하게 드러나는 여백이 있습니다. 사람의 체온, 온정, 사랑이라는 이름의 온기가 있어야 할 자리가 덩그러니 비어 있는 겁니다. 그게 그네들의 삶이었다고 생각하니 몸서리가 쳐졌습니다. 태어나 단 한 번도 인간의 체온과 온정을 느껴보지 못한 사람. 그 사람들을 무조건 욕하고 비난할 자격이 있는 사람은 과연 누구입니까."

특강 후 질의응답이 이어졌다. 작가의 얘기에 공감을 표하는 분들이 많았지만 때론 작가를 당혹스럽게 하는 질문도 있었다. 가령 이런 것들이다.

"취재해서 알게 된 것과 실제의 모습은 다릅니다. 제가 좀 아는데, 그들은 단지 온정이나 사랑에만 굶주린 게 아닙니다. 굶주린 만큼 세상에 대한 복수심이나 사람에 대한 증오심을 키운 사람들입니다. 그걸 제대로 봤어야 합니다. 지나친 온정주의를 경계해야 한다는 말입니다."

마치 주객이 전도된 느낌이었다. 그랬다. 적어도 밑바닥 삶에서만큼은 선생님들이 작가 이상 전문가였고, 더 많은 지식을 알고 있는 사람들이었다. 작가 역시 그러한 사실을 흔쾌히 받아들였고, 인정했다. 그래서 그 자리는 훈훈하게 마무리될 수 있었다.

노숙인 선생님의 감상문 한 편이 실로 다양한 일들을 만들어냈다. 글의 위력을 새삼 확인하는 순간이었다. 이후 〈책 나누는 사람들〉은 계속해서 대학에 책을 보내주기로 했고, 공지영 작가 역시 그날의 특강을 계기로 성프란시스대학을 비롯한 소외계층 인문학 강좌에서 여러 차례 특강제의를 했지만 한 번도 마다하지 않고 꾸준히 참여해주었다.

얼굴 없는 착한 네티즌들
'책나누는사람들'

'책 나누는 사람들'의 탄생 과정과 활동상은 아주 특별하다. '책 나누는 사람들'은 성 프란시스대학의 출범과 함께 탄생한 유일한 네티즌들의 모임이고, 이후 성프란시스대학뿐만 아니라 소외계층 인문학 강좌, 즉 시민인문학 전반에 대한 일반의 관심과 지지의 척도이자 모범이기도 하다. 그만큼 소중한 사람들이고, 그만큼 소중한 존재인 것이다.

'책 나누는 사람들'은 비단 책만 나누어주는 사람들이 아니었다. 성프란시스대학과 관련한 각종 오프라인 행사에 적극 참여해 응원했고, 더러는 노숙인 선생님들과 함께 자체 모임을 조직하는가 하면 그 외 다양한 형태의 지원과 관계맺기에 앞장섰던 사람들이다. 무엇보다 중요한 것은 아직 사회적 지지와 관심이 높지 않았던 노숙인 인문학 강좌에 대해 누구보다 앞장서서 지지와 동의를 표함으로써 강좌가 이어질 수 있는 숨은 동력이 되어주었다는 점이다.

길을 걷다 문득 이유 없이 웃음이 터져 나오는 경우가 있다. 십중팔구는 어떤 생각이 떠올랐을 경우다. 그렇게 아무런 계기도 없이, 아무런 장치도 없이 즉각적으로 정신을 무장해제시키는 사람들이 바로

'책 나누는 사람들'이다. 그들의 탄생이 그렇고, 그들의 활동이 그러하며, 그들의 면면이 또한 가뭇없는 웃음을 유발하곤 하는 것이다. 책 나누는 사람들, 그들은 과연 누구인가?

2005년 9월, 국내 최초로 노숙인을 위한 인문학 강좌가 탄생했다. 이름하여, 성프란시스대학이다. 2005년 10월, 역시 최초로 성프란시스대학 수강선생님들에게 책을 공급하기 위한 모임이 결성된다. '책 나누는 사람들'이다.

인터넷서점 '예스24'의 개인 블로그를 통해 성프란시스대학 수강선생님들에게 책을 사주고 싶다는 의견을 올렸을 때 몇몇 블로거들이 관심을 보여주었다. 그 관심을 구체화, 정례화, 지속화하기 위해 전격 모임을 갖기로 했다. 2005년 10월 1일 저녁, 분당 서현역 근처 서현문고 앞에서 만나기로 했다.

나를 포함 4명이 모였다. 정확하게는 다섯 명이지만 한 분은 취지에 공감 했다기 보다 모임멤버의 일행으로 함께 했던 듯하다. 면면은 이러했다. 마리에띠(치과의사), 파란장미(마리에띠의 동생, 간호사), 인식의힘(국어교사), 그리고 파란장미의 남친(닉네임이 기억나지 않는).

모임의 이름은 마리에띠님이 제안해주었다. "'책을 나누는 사람들'로 하는 게 어떨까요?" 곧바로 동의했고, 블로그와 다른 별도의 공간을 만들기로 했다. 기왕 예스24에서 만난 사람들이니 공간 역시 그곳에 만들기로 했다. 마침 예스24에선 '클럽'이라는 형태의 커뮤니티 공간을 마련해 주고 있었다. 예스24 내의 클럽 〈책 나누는 사람들〉은 바로 다음날 탄생했다. 운영자는 인식의힘 님이 맡기로 했다.

처음엔 회원 4명으로 출발했다. 그러나 숫자는 별로 중요하지 않았다. 회원수를 늘리기 위한 별도의 활동은 하지 않기로 했다. 어차피 강요에 의해 가입한 경우라면 지속적인 활동을 하지 않을 것이라 생각했다. 중요한 건 자발적 참여와 자발적 지원일 테니 말이다.

홍보하지 않아도 회원 수는 저절로 늘어났다. 10명, 20명, 50명……. 느는 속도가 빠르지는 않았지만 소문을 타고 네티즌들이 속속 회원으로 들어와 줬다. 초창기 멤버들이 워낙에 파워블로거였던 데다 내 블로그 역시 많은 사람들이 드나드는 곳이었기 때문이었다. 특히 마리에띠님의 경우, 예스24 블로거 중에선 최고로 파워풀한 블로그로 정평이 나있던 터였다.

한번은 이런 일도 있었다. 자신을 국회의원 보좌관이라고 소개하며, 책 나누는 사람들 얘길 들어 전화했다며 불쑥 노숙인인문학 강좌에 책을 보내고 싶다는 거였다. 반갑고 고마운 일이었다. 그러나 날름 받지는 않았다. 우선 회원이 되어줄 것을 당부했다. 그런 다음에 한 번에 수십 권이 아니라 꾸준히 한 두 권씩이라도 보내주는 활동을 해달라고 당부했다. 그는 결국 회원에 가입하지 않았다. 비슷한 예가 또 있다. 자신이 가진 책 500여권을 기증하고 싶다는 거였다. 그런데 목록을 보니 대부분 특정 종교와 관련된 책들이었다. 점잖게 사양했다.

회원이 늘고, 외부로부터 이런저런 전화를 받게 되면서, 나름 운영의 원칙이라는 걸 만들어야 할 필요를 느끼게 됐다. 그래서 생각한 것이 다음의 세 가지 정도다.

운영원칙

1. 지인들에게 회원가입을 강요하지 않는다.

강요에 의해 가입한 사람은 지속적인 활동을 하지 않을 것이다. 자발적으로 선택한 일일 때 보람과 즐거움을 느낄 것이고, 지속적인 활동으로 이어질 것이다.

2. 출판사나 인터넷 서점에 지원을 요청하지 않는다.

취지가 좋다고 해서 아무 곳에나 손을 벌여서는 안 된다. 그러는 순간 망가지게 돼 있다. 특히 속해 있다는 이유로 예스24에 손을 벌여서는 안 된다. 출판사에도 무리하게 책값을 할인해 달라고 하는 일은 없어야 한다.

발 없는 말이 천리를 간다고 소문이 꼬리를 물어 어느덧 회원수가 100명을 넘어서고 말았다. 소문은 네티즌들에게만 난 게 아니었다. 2006년 이후 인문학 강좌를 시작한 곳이 늘어나면서 그곳에서도 지원 요청을 해왔다. 때론 요청하기 전에 내가 먼저 판단해 책을 보내주기로 한 곳도 여럿 있다. 인문학 강좌들의 대부분은 충분치 못한 운영비로 인해 정작 중요한 강의교재를 구하지 못하는 경우가 왕왕 있었다. 그때마다 우리 '책 나누는 사람들'이 나섰고, 더러는 동료 교수들 중에서 내게 도서지원을 요청하는 경우도 있었다. 그렇게 해서 책을 보낸 곳이 얼추 열 곳은 되는 듯하고 지난 5년 간 보낸 책의 총량은 무려 2,000여 권에 이르게 됐다.

책을 지원했던 인문학 강좌들

1. 성프란시스대학
2. 관악인문대학
3. 수원광역 인문학강좌
4. 제주희망대학
5. 노원 성프란시스대학
6. 남양주인문학강좌
7. 비전트레이닝센터 인문학강좌
8. 구세군 인문학강좌
9. 보현의집 인문학강좌
10. 여성쉼터 화엄동산 인문학강좌

책 나누는 사람들의 존재의미는 비단 책을 공급해주는 데만 있는 게 아니었다. 때로 그들은 성프란시스대학을 비롯한 다양한 인문학 강좌들의 소중한 친구였고, 지지자였으며, 든든한 후원자였다. 성프란시스대학에서 하는 각종 행사에 참여함은 물론 때로는 수강 선생님들을 위한 별도의 모임자리를 만들기도 했다.

성프란시스대학 관련 행사 참여 및 지원

1. 성프 동문 체육대회 주최(1, 2, 3기 합동)
2. 노숙인 연극 단체 관람 및 후원
3. 노숙인무료진료소 건립 후원 콘서트 〈생명, 희망을 노래하다〉 단체관람 및 후원

4. 공지영 특강 후원

세상이 점점 각박해진다고들 말한다. 그러나 정작 자신의 마음이 더 각박해진 것은 모른다. 각박한 현실 속에서 다른 사람을 위해, 고통 받고 있는 이웃을 위해 소리소문없이 도움의 손길을 내미는 사람들이 있다. 때로는 좋은 친구가 되어주기도 한다. 책 나누는 사람들의 회원들이 바로 그런 사람들이다.

특이한 건 그들은 얼굴 드러내는 걸 꺼려한다는 것이다. 회원수가 140여명이 이르지만 5년이 지나도록 얼굴 한번 본 적 없는 회원이 100여 명이다. 그들은 그저 조용히 책만 보내준다. 거기엔 아무런 요구사항도 없고 아무런 주문도 없다. 그저 조용히 책을 보낼 뿐이다. 어쩌다 오프라인 모임이라도 하려고 하면 손사래를 친다. 모임 참석을 권하면 문자로 혹은 쪽지로 다음과 같은 답장이 오곤 한다.

"책 몇 권 보낸 것뿐인데, 생색낼 게 뭐 있어요. 그냥 계속 책만 보낼게요. 모임은 되는 분들하고만 하세요."

노숙인인문학, 과연 어떤 변화를 만들어내고 있는 걸까?

　노숙인과 함께 하는 인문학 강의가 시작된 지 5년째다. 뜻한 대로 노숙인의 인문학적 성찰을 유도하고 있는지는 의문이다. 다만 일부 언론과 시민사회의 관심을 유도하면서 뜻하지 않게 새로운 사회적 의미를 파생시키기는 했다.

　아직 노숙인인문학의 성패를 논하기엔 이르다. 지난 5년간 다양한 계층을 대상으로 하는 인문학 강좌가 속속 등장해 양적인 면에선 괄목할 성과를 내고 있지만 그것을 질적 성과라고 말하긴 곤란하다. 인문학 강좌란 본시 단기간에 성과를 내기 어려운 분야이며, 그것을 목적하지도 않는다. 인문학의 본디 성격이 그러한데다, 특히 노숙인 인문학의 경우 성과에 집착하다간 자칫 애초의 의도와 취지마저 훼손시킬 수 있다.

노숙인인문학의 취지는 크게 세 가지로 나눠 생각해 볼 수 있다.

　우선은 현실 문제를 해결하는 데에 인문학이 어떤 기능과 역할을 할 수 있을지에 대한 인문학 스스로의 의문에 복무하는 것이다. 그것은 또한 현실문제에 대한 인문학적 치유의 가능성을 확인하는 일이기도 하다. 결과적으로 5년의 경험은 그러한 시도가 상당부분 유효하다는 결론을 이끌어내는 과정이었던 셈이다.

두 번째는 빈곤문제에 대한 인문학적 인식을 일깨우는 일이다. 그간 빈곤문제에 대한 우리 사회의 인식은 그야말로 빈곤하기 그지없었다. 빈곤을 경제사회적 관점에서만 바라보는 태도를 견지했던 것이다. 그러나 빈곤은 보다 총체적이며 구조적인 문제이다. 따라서 빈곤을 경제사회적 관점에서 분배의 문제로만 인식해선 안 된다. 즉 빈곤은 분배의 문제이기 이전에 관계의 문제인 것이다. 관계란 곧 사람이며, 사람이 곧 관계의 산물이다. 사람과 사람의 삶을 연구하는 학문이 인문학이다. 따라서 빈곤문제를 인문학적 프레임으로 끌어들이는 것은 전혀 어색한 일이 아니다. 당연한 일이 그간 지체되고 방기되었을 뿐이다.

세 번째는 인문학을 통해 노숙인의 정신적 삶을 회복시키는 일이다. '클레멘트 코스'의 설립자인 얼 쇼리스가 〈희망의 인문학〉에서 들려주는 흑인 여죄수와의 대화는 듣는 사람을 전율케 한다. 교도소를 방문한 얼 쇼리스가 흑인 여죄수에게 가난을 벗어나지 못하는 이유가 무엇이냐고 물었을 때다. "저희에겐 정신적 삶이 없기 때문입니다. 저희도 부자들처럼 박물관, 음악회, 미술관 등을 다니며 정신적 삶을 살았더라면……." 그 말이 곧 얼 쇼리스로 하여금 홈리스(Homeless)인문학 강좌인 '클레멘트 코스'를 설립(1995년)하게 한 결정적 계기가 되었다.

제도교육이 삶의 방편을 습득시키는데 주력해 왔다면 인문학교육은 삶의 의미를 고뇌하게 한다. 어찌 보면 편안한 삶을 살게 하는 것과는 거리가 먼 일이다. 그럼에도 불구하고 강단 밖으로 나온 인문학이 의미 있는 사회교육프로그램으로 받아들여지고 있는 이유가 거기에 있다. 정신적 삶을 일깨우고 있기 때문이다. 안 그래도 살기 힘든 노숙인에게 고뇌하고 또 고뇌하라, 고뇌한 내용을 글로 옮기라고 말하는 노숙인인문학, 과연 어떤 결과들을 만들고 있을까.

나는 지난 2005년에 설립된 한국형 클레멘트 코스인 성프란시스대학에 참여해 3년 동안 문학과 글쓰기 강의를 했다. 지금은 경희대학교로 소속을 옮겨 여전히 노숙인인문학을 진행하고 있으며 작년부턴 교도소 수형자를 대상으로 하는 인문학강의를 하고 있다. 아래에 적시한 두 개의 에피소드는 노숙인인문학에서 길어 올린 것들이다.

1. 아내에게 '사랑한다'고 말하게 해준 인문학수업

성프란시스대학 졸업생 야유회 때의 일이다. 늘 갖고 있는 의문이지만 한 번도 속 시원한 대답을 들어본 적도, 해본 적도 없는 "하필 왜 인문학인가?"라는 질문이 어디선가 들려왔다. 그때 누군가 어눌한 목소리로 말한다.

"솔직히 저도 왜 인문학을 들어야 하는지 아직 모릅니다. 교수님들, 선배님들도 계신데 감히 제가 말할 수 있는 것도 아닙니다. 다만 제 얘기를 들려주고 싶습니다. 몇 년 전부터 아내에게 이혼을 강요당하고 있습니다. 무능력한 남편이기 때문입니다. 그런 아내에게 며칠 전 난 생처음으로 '사랑한다'는 말을 했습니다. 16년 동안 같이 살면서 단 한 번도 해본 적이 없는 말이었습니다. 제 생각에는 그런 말을 하게 만든 게 바로 인문학 강의 때문이 아닐까 생각했습니다. 줄곧 이혼하자고 보채던 아내가 그 한 마디를 듣고 부드럽게 변한 것 또한 놀랄만한 일이고 말입니다."

2. 노숙인 이씨의 용기와 도전을 보라.

IMF때 사업에 실패한 이 씨는 10년의 노숙생활을 하는 와중에 인문학강의를 들은 후 자활의 의지를 불사르기 시작했다. 그에게 어느 날 대형트럭 운전사를 구한다는 얘기가 들려왔다. 차주를 득달같이 찾아간 이 씨는 다짜고짜 자신이 해보겠다고 자청했다. 문제는 그에겐 대형운전면허가 없었다는 것. 이 씨의 열의에 찬 눈빛을 본 차주가 운전면허를 딸 수 있도록 도와준 끝에 그는 결국 의정부와 울산을 오가는 힘들지만 그만큼 수익이 보장되는 일자리를 찾아 자활의 의지를 불태우고 있다.

어느 날 이 씨가 나를 찾아왔다. 술 한 잔 사고 싶다는 거였다. 그날 술자리의 감동은 평생 잊지 못할 추억이자 충격이다. 인문학 강의시간에 읽었던 책들을 언급하면서 중요한 건 현재적 조건이 아니라 삶에의 의지와 용기라고 말하는 것이 아닌가. 마침 노숙인인문학 강의 시간에 함께 읽었던 책의 글귀가 귓전을 울렸다. "삶의 의미를 아는 사람은 어떤 고통도 이겨낼 수 있다." 니체 (빅터 프랭클의 '죽음의 수

용소에서' 중에서 재인용)

이기선 씨(가명, 58세)는 10년 전 IMF때 사업에 실패했다. 빚더미에 올라앉았고 연일 빚쟁이의 독촉에 시달렸다. 결국 집을 뛰쳐나가 노숙생활을 시작했다. 가출 후에도 빚쟁이가 두려워 주민등록을 말소시켰다. 노숙생활은 만만치 않았다. 밤엔 추워서 잠을 이루지 못했고, 대낮엔 허기에 지쳐 쓰러져 있기 일쑤였다. 그래도 자존심은 남아있었다. 차마 구걸에 나서지 못한 이유다. 무료배식소를 전전하면서 주린 배를 채웠고, 그마저 여의치 않을 때는 지하철 화장실의 수돗물로 허기를 달랬다.

10년 후 지금, 이 씨는 대형화물차를 모는 운전기사가 됐다. 아직 빚이 해결되지 않아 가족과 결합하지는 못했지만 절망적 상황만은 면했다. 언젠가는 그리운 가족과 함께 다시금 행복한 가정을 꾸릴 꿈에 이 씨는 오늘도 피로를 잊은 채 고속도로를 달리고 있다.

이 씨를 상상할 때마다 나는 가슴이 뭉클해지곤 한다. 이 씨가 다시 일하게 된 건 강한 의지 때문이었다. 어느 날 이 씨에게 기회가 찾아왔다. 은퇴를 앞둔 화물차 차주가 대를 이을 운전기사를 구하고 있다는 소식을 접했던 것. 이 씨는 무작정 달려가 "제가 해보겠습니다."라고 호언했다. 차주는 이 씨의 적극적인 태도에 호감을 표했다. 그런데 웬걸 이 씨에게는 대형차운전면허가 없었다. 여전히 주민등록이 말소된 상태이기도 했다. 면허시험을 볼 수도 없는 처지였던 셈이다. 그러나 이 씨는 그마저도 간단하게 극복해냈다. 차주에게 자신의 상황을 솔직하게 설명한 뒤 오히려 면허시험 볼 비용을 대달라고 했다. 한 달여 뒤 대형차운전면허를 취득해 차주의 기대에 부응했다. 이 대목에서 잠시 의구심이 들어 물어봤다.

"아니, 주민등록 말소자가 어떻게 면허시험을 볼 수 있었나요?"
"그까짓 게 대숩니까? 의지가 문제죠. 면허시험 직전에 주민등록을 살린 뒤 (시험을)봤던 거죠. 제발 그 기간에 빚쟁이가 달려들지 않기만을 바라면서……."

노숙인 이 씨의 그런 용기와 도전정신은 과연 어디서 나왔을까? 절박했을 것이다. 거리의 척박한 생활을 더 이상 견딜 수 없다는 걸 그 자신의 몸이 알고 있었을 것이다. 삶에 대한 애착과 재활에 대한 강한 의지도 한몫했음직했다. 한편, 3년 전 참여했던 '노숙인을 위한 인문학 강좌'(성프란시스대학 1기 졸업)도 나름 동기부여가 되었을 성싶다. 마침 그 강좌에서 글쓰기 강의를 맡았던 나는 평소 이 씨의 강단을 눈여겨 봐왔던 터였다.

강의시간에 읽었던 책들도 도움이 됐음직하다. 그 중 기억나는 게 〈남자의 후반생〉과 〈죽음의 수용소에서〉다. 마흔 이후 재기에 성공했거나 뒤늦게 인생의 꽃을 피운 중국의 역사적 인물들의 삶을 소개한 모리야 히로시의 〈남자의 후반생〉은 나이 오십은 삶을 포기하기엔 이른 나이라는 걸 느끼게 해주었을 것이다. 특히, '로고테라피'(실존치료)를 주창하며 개인심리학의 새로운 지평을 열어젖힌 빅터 프랭클의 〈죽음의 수용소에서〉는 절망적인 상황을 헤쳐 나왔던 저자의 경험이 오롯이 녹아있어, 이 씨에게 깊은 공감을 불러 일으켰을 것이다.

최근 연예인들의 잇따른 죽음이 사람들의 마음을 아프게 하고 있다. 베르테르 효과를 우려하는 목소리도 들리고, 실제 비슷한 현상이 나타나고 있기도 하다. 유래 없이 높아진 자살률도 근심거리가 아닐 수 없다. 경제가 어려운 데다 해소되지 않은 사회적 갈등들이 공중을 둥둥 떠다니며 먹잇감을 찾고 있는 듯하다. 이즈음 한번쯤 삶의 긴장을 풀어버리고 싶은 충동을 느껴보지 않은 사람이 있을까. 그러나 충동에 굴해서는 안 된다. 살기가 죽기보다 힘든 세상에서는 살아가는 것이 진정한 용기라는 말도 있지 않은가.

여기, 노숙인 출신 화물차운전기사 이 씨의 용기와 도전을 보라!

절망적인 상황에 굴하지 않는 용기와 의지는 그 얼마나 위대한가. 자살 등의 충동을 이겨내기 위해서는 이 씨가 그랬던 것처럼 생각하는 힘, 이성의 힘, 즉 인문정신을 길러야 한다.

인문정신은 위기상황에서 빛을 발한다. 강단을 박차고 나와 거리로 나선 인문학이 새롭게 빛과 향기를 발하는 이유가 그것이다. 〈죽음의 수용소에서〉를 쓴 빅터 프랭클은 철학자 니체를 인용해 이렇게 외친다.

"삶의 의미를 아는 사람은 어떤 고통도 이겨낼 수 있다."

눈물로 얼룩졌던
노숙인인문학 첫 졸업식

 2006년 봄이었다. 최초의 노숙인 대학 '성프란시스대학'의 첫 졸업식이 열렸다. 졸업식 장소는 성공회대학교 성 미카엘 성당이었다. 대학에서 빌린 검정색 가운과 사각모를 쓴 졸업생 13명이 약간 상기된 표정으로 자리에 앉아 있었고, 뒤로는 파란색 조끼를 입은 삼성코닝 직원들이 앉아 있었다.
 여느 졸업식과 달리 축하해 줄 가족들이 아무도 참석하지 않은 졸업식이었다. 졸업생과 다시서기 지원센터 실무자들, 교수들과 대학 스태프, 그리고 삼성코닝 직원들이 전부였다. 이른바 졸업식의 꽃이라는 꽃돌이, 꽃순이가 없었던 거였다.
 대신 기자들의 취재열기가 높았다. 사회를 맡은 나는 마치 연주자들을 일일이 체크하는 오케스트라의 지휘자처럼 졸업식 전체의 분위기와 느낌을 조율하느라 애를 먹어야 했다. 하객 없는 졸업식을 활기차게 하는 건 순전히 사회자의 능력이라는 걸 알았지만 내겐 무거운 분위기를 반전시킬 재주가 없었다. 대신 정해진 식순을 진행할 때마다 그에 관련된 사람들의 이름을 일일이 호명하는 수고를 마다하지 않는 것으로 국내 최초 노숙인 대학 졸업식의 역사적 의미를 되새겼다.

성공회대학교 김성수 총장님이 격려사를 해주었고, 대학 운영비를 지원했던 (주)삼성코닝의 송용로 사장이 축사를, 그리고 학장인 임영인 신부가 하객들께 화답하는 의미의 인사말을 했다.

드디어 졸업장과 기념품을 나눠주는 시간이 됐다. 졸업생의 이름을 한명 한명 호명하면서 서서히 내 목소리가 떨리기 시작했다. 일순 긴장감이 감돌았다. 졸업장을 받는 노숙인들의 표정이 너무 진지하고 무거웠기 때문이었다. 기자들은 그걸 찍기 위해 여느 때보다 민첩하게 움직였다.

그렇게 무색무취하고도 건조하게 끝날 뻔 한 졸업식이었다. 그러나 식순이 마무리 될 무렵 사회자인 내 눈에 저 뒤에 다소곳하게 서있는 김자옥 간사의 모습이 들어왔다. 순간, 아차 싶었다. 거의 모든 사람을 호명해 놓고선 정작 가장 중요한 사람 중 한 명인 김자옥 간사의 이름을 부르지 못했던 걸 뒤늦게 깨달았기 때문이었다.

사회자 재량으로 식순에 없는 일을 저지르고 말았다. 김자옥 간사를 호명하며 앞으로 불러 세운 것이었다. 임영인 신부가 대학 설립의 산파였다면 지난 1년 무사히 강좌를 마치고 졸업식까지 할 수 있었던 데는 그 누구보다 김자옥 간사의 공이 컸다.

30대 초반의 사회복지사인 김자옥 간사는 두 아들을 둔 주부였다. 아이들이 어려서 아직 엄마의 손길이 필요한 때였지만 김 간사는 성프란시스대학의 유일한 실무자로서 책임을 다하기 위해 매일 같이 늦은 밤에 귀가해야 만했다.

실무자의 주된 업무는 강의 진행을 돕는 것이었다. 출석을 체크하고, 강의 진행을 위한 제반 준비를 하는 것이 김 간사의 일이었다. 그러나 김자옥 간사는 자기업무만 하고 마는 게 아니었다. 강의 후 이어지는 식당에 따라와서 식사비를 계산하는 건 기본이고, 더러는 수강생과 교수들이 벌이는 술자리에도 함께 했다.

술자리조차도 김자옥 간사에겐 업무의 연속이었던 것이었다. 혹시 과음하는 선생님이 없나, 계산을 도울 일은 없나, 혹시 교수님에게 무리한 행동을 하는 선생님은 없나, 강의 시간에는 나오지 않던 강의에 대한 별도의 반응은 없나……. 어찌 보면 감시자로 오해받을 수도 있었지만 그녀의 조신함과 겸손한 태도는 거의 모든 수강생들의 마음을 편안하게 해주었다.

1학기가 지나 2학기에 이르렀을 때, 김자옥 간사에겐 수강생들이 별명을 붙여주게 되었다. 별명은 다름 아닌 '엄마'였다. 그때부터 김 간사는 거의 모든 수강생들에게 엄마로 불리기 시작했다. 실제 엄마처럼 사소한 것까지 일일이 챙겨주는 일을 마다하지 않았기 때문이었다. 30대 초반 나이에 4, 50대가 즐비하고 60대까지 섞여있는 수강생들에게 엄마로 불렸던 김 간사의 심정은 어땠을까.

느닷없이 불려나온 김자옥 간사는 그저 차분하게 서 있을 뿐이었다. 졸업식에 대한 감회가 남다를 테니 한 말씀할 기회를 드리겠다고 했지만 요지부동이었다. 순간 그녀의 눈가에 눈물이 맺히기 시작했다. 말 대신 눈물로 자신의 심정을 표현하고 있었던 것이었다.

그때였다. 졸업생 중 누군가의 입에서 엄마아라는 단말마가 튀어나왔다. 그리고 이내 졸업생 모두의 눈에 눈물이 맺히기 시작했다. 더러는 어깨를 들썩이며 꺼이꺼이 울어재끼는 사람도 있었고, 대부분은 고개를 숙인 채 조용히 흐느꼈다.

　일순, 장내는 조용해졌다. 김자옥 간사와 졸업생들의 조용한, 그러나 가슴 저 깊은 곳에서 용솟음치는 울음소리만이 장내에 울려 퍼졌다. 사회를 보던 나 역시 목울대가 떨려 말을 이어갈 수 없었다. 공연히 콧물만 연신 훔쳤을 뿐이었다.

　진행을 재촉하는 이도 없었고, 우는 걸 말리는 이도 없었다. 그저 조용히 단상 옆에 선 가녀린 여인의 눈물을 바라봤고, 그 여인을 바라보며 하염없이 눈물을 쏟고 있는 졸업생들을 진정하기를 조용히 기다려 줄 뿐이었다. 그 순간 유일하게 움직인 건 기자들이었다. 연신 셔터를 눌러대는 기자들을 그날만은 내버려둘 수밖에 없었다.(참고로, 노숙인 수강생들은 사진 찍히는 것에 대단히 민감한 편이다.)

　성프란시스대학의 1기 입학생은 21명이었다. 초기에 한명이 그만두는 바람에 그 자리를 다른 사람이 채웠으니 결국 입학생은 22명인 셈이다. 그 중 졸업식의 주인공은 13명이었다. 나머지는 이런저런 이유로 중도하차했거나 결석이 많아 졸업장을 받지 못했다.

　졸업생 중 3명은 교육 과정 중 운송회사, 출판사, 시민단체 등에 취업에 성공하기도 했다. 나머지 10명도 더 이상은 노숙인 생활을 하지 않겠노라고 다짐하고 있던 터였다.

생명, 희망을 노래하다

해마다 수백 명의 생명이 배고픔과 병마에 시달리다 도심거리에서 싸늘한 주검으로 발견되고 있다. 침략자 미국에 맞서고 있는 이라크 사람들의 이야기가 아니다. 에이즈와 기아에 허덕이는 아프리카대륙에서 일어나는 일도 아니다. 한반도 북녘의 이야기는 더더욱 아니다. 한 해 수출 3천억 달러를 돌파한 세계 11위의 경제대국, 1인당 국민소득 2만 달러를 향해 치닫고 있는 나라, 자랑스러운 우리 대한민국에서 일어나는 일이다.

이름 하여 노숙자. 정부의 통계에조차 잡히지 않는 노숙인 수가 전국적으로 10만에 육박하고 그 중 60~70%가 서울거리를 배회하고 있다. 주민등록이 말소된 무적자, 주택보급률 105%를 자랑하는 선진한 국에서 주거권을 보장받지 못하고 거리로 내몰린 버림받은 병자들.

정부는 천연덕스럽게도 전국의 노숙자 수가 4천 2백 명 정도라고 말한다. 그러나 오랫동안 빈민운동을 전개해왔던 노숙인 다시서기 지원센터의 임영인 신부는 실제 노숙인 수는 정부통계보다 최소 10배 이상 많다고 단언한다. 게다가 그들 가운데 해마다 300~400명가량이 거리에서 생명을 잃고 있다는 참담한 현실을 아프게 토로한다.

말년을 행려병자로 지내다 역시 거리에서 죽어간 러시아의 문호 톨스토이는 짧은 소설 〈인간에겐 얼마만큼의 땅이 필요한가?〉를 통해 제 아무리 욕심을 부려봤자 결국 인간에게 필요한 땅은 죽어 관 짝 하나 놓을 정도면 족하다고 말한다. 그 자명한 말씀조차 노숙인의 처지에서 보면 엄청난 역설로 들릴 뿐이다. 죽은 자에게조차 누울 자리를 허용하는 게 인간사 상례이거늘 멀쩡히 살아 이 땅을 밟고 있는 우리의 이웃들에게 잠시 몸 누일 공간조차 마련해주지 못하고 있는 게 우리의 현실이니 말이다.

지난 2월 2일 노숙인 다시서기 지원센터를 운영하고 있는 임영인 신부는 "노숙인이 가장 많이 몰려있는 서울역사 앞에 노숙인 무료진료소를 건립해 우리의 이웃들이 더 이상 거리에서 죽어가는 것만이라도 막아야 한다"며 건립 기금 마련을 위한 작은 콘서트를 개최했다. 〈생명, 희망을 노래하다〉라는 이름으로 명동성당 꼬스트홀에서 개최된 이 공연은 '문화를 생각하는 사람들'이 주관하고, 가수 정태춘과 시인 정호승, 개그맨 노정렬 등이 출연해 시와 노래와 재담으로 추위에 떨고 있는 노숙인들의 마음과 그들보다 더 두껍게 얼어붙어있는 우리네 마음을 녹여주었다.

공연에 직접 출연한 임영인 신부는 사회자와의 대담에서 노숙인의 열악한 생활환경과 건강 상황에 대해 자세하게 설명해 주었다. 우선 임 신부는 노숙인에 대한 사회적 편견이 안타깝다는 말부터 했다. 쉼터에서 생활하는 노숙인 대부분은 이른 새벽 일자리를 찾아 쉼터를 나선다고 한다. 문제는 그들 중 일자리를 얻는 사람의 비율이 현저히 낮다는 것. 불과 10% 안팎의 사람들만이 일자리를 얻게 될 뿐 대부분은 이른 새벽부터 밥이나 일자리 대신 절망의 탄식을 마시게 된다는 것이다. 듣고 보니 그간 막연하게 노숙인은 일하기 싫어하는 사람이라고 생각했던 일반의 편견이 그들에겐 또 하나의 폭력이었음을 깨닫게 된다. 이제 제대로 알아야 할 것 같다. 노숙인은 일을 하기 싫어하고, 구걸이나 하며 베짱이처럼 사는 사람들이 아니라 오랜 노숙생활로 더 깊은 실의에 빠지게 되었으며, 그 중 자존감을 상실한 극히 일부의 노숙인이 구걸에 나설 뿐이며, 대부분은 일을 하고 싶어도 일자리를 구하지 못해 거리를 배회하고 있을 뿐이라는 것을.

신부님의 말씀으로 가라앉았던 공연분위기를 띄운 건 가수 이지상과 김현성이었다. 그러나 분위기는 다시 차분해졌다. 시인 정호승이 무대로 나왔기 때문이다. 시인은 역시 시로서 얘기할 뿐이다. 시인의 진심이 담긴 시는 그곳이 설령 무대 위든, 강단에서든, 시장골목에서든, 거리에서든 사람들의 마음에 온기를 불어넣어준다. 시인 정호승이 '밤의 십자가'를 낭송하는 동안 우리의 가슴 한편은 몹시 아리고 답답했다.

밤의 십자가

밤의 서울 하늘에 빛나는
붉은 십자가를 가만히 들여다보면
십자가마다 노숙자 한사람씩 못 박혀
고개를 떨구고 있다
어떤 이는 아직 죽지 않고 온몸을 새처럼

푸르르 떨고 있고

어떤 이는 지금 막 손과 발에 못질을 끝내고

축 늘어져 있고

또 어떤 이는 옆구리에서 흐른 피가

한강을 붉게 물들이고 있다

비바람도 천둥도 치지 않는다

밤하늘엔 별들만 총총하다

시민들은 가족의 그림자들까지 한 집에 모여

도란도란 밥을 먹거나

비디오를 보거나 발기가 되거나

술에 취해 잠이 들 뿐

아무도 서울의 밤하늘에 노숙자들이

십자가에 못 박혀 죽어가는 줄을 모른다

먼동이 트고

하나 둘 십자가의 불이 꺼지고

샛별도 빛을 잃자

누구인가 검은 구름을 뚫고

고요히 새벽하늘 너머로

십자가에 매달린 노숙자들을

한명씩 차례차례로 포근히

엄마처럼 안아 내릴 뿐

정호승

'당신은 척박한 이 땅에 따스한 온기를 불어넣기 위해 얼마만큼의 힘을 보태왔습니까? 그런 걸 어떻게 측정할 수 있느냐고요? 질문이 모호했다면 죄송합니다. 이런 식이면 어떻겠습니까. 당신은 그동안 가수 정태춘을 몇 번이나 직접 만나왔습니까?

스스로 묻고, 대답을 위해 과거를 회상해 보니 나는 대략 20여 차례가 되는 듯했다. 순간 내 자신이 대견스러웠다. 그리고 다시 한 번, 정태춘과의 조우가 이루어졌다. 개그맨 노정렬의 재담이 무대를 달군지 불과 몇 분 만에 객석은 정적에 휩싸이고 오로지 무대의 조명만이 거무칙칙한 피부의 그 사내를 비추고 있었다. 두어 곡이 이어졌다. 우렁찬 박수소리와 함께 다시 한곡의 노래가 흘러나왔다. 순간 나는 그만 눈을 감아버리고 말았다.

20여 년 전이었다. 야학 강의실에서 우리는 〈공장의 불빛〉이라는 노랫말을 각색해 연극공연을 하고 있었다. 객석엔 몇몇 야학교사와 이웃주민들, 잔업에 시달리던 어린 여공의 손마디가 피멍으로 얼룩진 것을 들여다보는 장면에서 연극은 멎고 말았다. 연극 대신 오랜 시간 서로를 부둥켜 안고 눈물을 흘렸을 뿐이었다.

다시 눈을 떴을 때, 무대 위에는 역시 그가 앉아 있었다. 몇 마디 농담도 던지면서……. 순간 눈이 아렸다. 물기가 느껴졌다. 생명은, 모든 살아있는 생명은 이렇듯 느닷없이 스스로의 존재를 확인시킨다. 아, 살아있음을, 살아있음의 그 소중함에 몸서리 쳐진다.

차가운 콘크리트 바닥에 누워 기침소리 한 번 맘껏 내지 못하고 조용히 생명을 놓아버린 그들의 명복을 빈다. 다시는 그러한 어이없는 죽음을 용인하지 않기 위해 부르는 우리의 노래와 시는 계속되어야 한다. 문득 이제 정태춘도 많이 늙고 야위었다는 생각이 들었다.

'빅 이슈' 창간 이유

바야흐로 양극화시대다. 양극화시대의 '빅 이슈'는 빈곤문제다. 그러나 빈곤은 그들만의 문제가 아니다. 분배의 문제가 아닌 관계의 문제이기 때문이다. 따라서 우리 사회구성원 모두가 힘을 모아 그 해결을 위해 노력해야 한다.

특히 노숙인(homeless) 문제가 심각하다. 노숙인은 1997년 IMF외환위기를 기점으로 양산됐고, 10여년이 지난 지금도 그 수가 줄지 않고 있다. 최근 금융위기가 재발하면서 다시 증가세로 돌아서고 있다. 그러나 노숙인에 대한 사회적 관심과 정부의 대책은 미미한 수준에 불과하다. 특히 정부 대책은 유명무실하다. 정부가 설정한 사회안전망의 최저기준은 기초생활수급권자에 맞춰져 있는데 반해 대부분의 노숙인들은 기초생활수급권에 끼지 못하는, 소위 구조 바깥의 사람들이기 때문이다. 노숙인 문제를 더 이상 방치할 수 없는 이유다.

다행스럽게도 최근 몇 년 사이 노숙인을 위한 다양한 프로그램들이 기획되고 있다. 주로 민간부문에서 기획되고 있는 이 프로그램들은 주로 노숙인의 인권을 보호하고(노숙인의 인권과 복지를 실천하는 사람들, 노숙당사자 모임 등), 생계대책을 마련하는 것(노숙인 쉼터에서

운영하는 자활근로 및 일자리센터)에 초점이 맞춰져 있다.

아울러 전향적 시도도 있다. '노숙인을 위한 인문학강좌'가 대표적인 예다. 실의와 절망감에 빠진 노숙인들에게 인문학을 통해 삶에의 의지와 자존감을 회복시키자는 게 노숙인인문학의 취지이다. 그러나 그것이 곧 자활로 연결되는 건 아니다.

노숙인을 자활로 이끌기 보다 구체적인 방법은 없는 걸까? 정부나 지자체의 일방지원(기초생활비지급, 쉼터운영)이나 종교단체의 Charity(무료배식, 쉼터운영 등), 대학 및 시민사회의 인문학강좌만으로는 노숙인의 자활을 담보할 수 없다는 건 이미 상식이다.

결론은 일할 기회를 제공하는 것이다.

현실은 어떤가? 노숙인 대부분이 신용불량상태에 빠져있거나 심지어 주민등록이 말소된 사람들이다. 건강이 좋지 못하며 가족해체로 인한 상실감으로 삶의 의지 역시 극도로 약화된 상태이다. 기업이 그들에게 일자리를 제공할 수 없는 이유들이고, 자활하지 못하는 원인이기도 하다. 하긴 멀쩡한 대학 졸업자의 2/3가 졸업과 동시에 실업자로 전락하는 현실이다.

그래서다. 노숙인에게 취업의 부담이나 자격조건에 구애받지 않는 일자리를 제공할 필요가 있다. 노숙인에게 일자리를 만들어주기 위한 사회적 기업의 설립이 필요한 이유다.

성공사례도 있다. 영국의 Big Issue Foundation은 대표적인 노숙인 대상 사회적 기업이다. 빅 이슈 재단 차원에서 노숙인을 위한 다양한 프로그램을 진행하는 한편, 별도의 회사에선 홈리스에게만 판매권을 주는 잡지 '빅 이슈'를 통해 그들의 생계와 자활을 돕고 있다. 1991년 창간된 '빅 이슈'는 현재 영국과 일본, 오스트레일리아, 남아공 등 세계 28개국에서 발행되고 있다. 지금 이 순간에도 28개국의 홈리스들이 '빅 이슈' 판매를 통해 자활의 길을 걷고 있다.

'빅 이슈' 한국판의 발행을 추진하는 이유가 거기에 있다. 우리 실정에 맞는 획기적인 사업아이템을 구상하면 좋겠지만, 아직은 무리다. 빈곤에 대한 사회적 인식과 사회적 기업에 대한 지원과 투자가, 아직은 부족하기 때문이다. 그래서 우선은 노숙인 관련 사회적 기업의 모범이자, 거의 유일한 성공사업인 '빅 이슈'를 벤치마킹하자는 것이다.

'빅 이슈' 한국판 창간의 의미는 세 가지다. 하나는 직접적으로 노숙인의 생계를 돕기 위함이다. 또한 노숙인들 스스로 노동의 가치와 의미를 깨우치도록 하기 위함이다. 덧붙여 빈곤문제에 대한 사회적 관심을 환기하는 한편, 기부문화의 확산을 유도하기 위함이다.

나날이 각박해지는 사회분위기를 탓하고 염려하는 사람들이 많다. 그러나 사회를 탓하기 전에 우선 자기 자신의 각박함을 되돌아볼 필요가 있다. 각 개인은 물론 사회 전반의 분위기를 보다 따뜻하고 온화하게 순치하는 의미에서도 '빅 이슈' 한국판의 창간은 중요한 시대적 과제라 할 수 있다.

| 에 · 필 · 로 · 그 |

epilogue

시민인문학 어디까지 왔나

'지식 나눔'을 넘어 '함께 만드는 희망'으로

2005년 9월 성프란시스대학(노숙인을 위한 인문학강좌)이 출범한 이래 '소외계층을 위한 인문학 강좌'가 6년째 이어지고 있다. 그 사이 소외계층 인문학은 자활인문학, 교정인문학, 평화인문학, 실천인문학, 시민인문학 등 다양한 이름으로 분화하며 우리 사회 구석구석으로 퍼져나갔다.

이제 소외계층 인문학은 그 모든 인문학 강좌를 아우를 만한 새로운 이름을 필요로 하고 있다. 충분한 논의가 있어야겠지만 여기선 편의상 '시민인문학'으로 부르려 한다.

어느덧 시민인문학은 사회와 학계에서 하나의 '현상'으로 받아들여지고 있다. 그러나 현상은 현상일 뿐 아직 학문적 흐름으로 간주되고 있는 건 아니다. 그래서다. 지금, 이 지점에서부터 다시 시민인문학의 현재와 미래 전망을 고민해야 하는 것이다.

6년이 지났지만 시민인문학에 대한 사회의 반응은 여전히 엇갈린다. 한편 냉담하기도 하고 한편 기대와 관심을 보여주기도 한다. 어떤 땐 위기에 처한 인문학에 새로운 활력을 불어넣은 일이라며 추어올리기도 하지만, 또 다른 경우 잠시 유행처럼 퍼져나갔다가 이내 사라질 뿐이라며 외면하기도 한다. 아직 뚜렷한 학문적 흐름으로 이해되지 않고 있는 것이다.

물론 외부반응에 신경 쓸 필요는 없다. 그러나 내부에서마저 시민인문학의 사회적 의미와 사회교육적 의미를 연구하기를 주저한다면 이는 심각한 문제가 아닐 수 없다. 한때의 유행이 되고 말거라는 일각의 지적처럼, 지금 시민인문학의 다양한 의미에 대한 다각적인 연구와 내부 논의가 이루어지지 않는다면, 지금까지의 성과와 의미는 어느 순간 휘발돼 버리고 말지 모른다.

더군다나 국외자들의 농단에 휘말려 지리멸렬해질 우려마저 있다. 그것은 시민인문학의 본질을 왜곡시키는 일에 다름 아니다. 그래서 시민인문학에 참여한 대부분의 학자들은 치열한 내부 논의가 필요하다는 데에 동의하고 있다.

그간 시민인문학은 지나치게 급하고 격렬하게 추진돼왔던 게 사실이다. 열정적으로 추진한 덕분에 양적인 면에서 괄목할 만한 성장세를 보여주기도 했다. 그러나 너무 서두른 탓에 심각한 문제점을 노출하기도 했다. 따라서 지금은 성과를 논하기보다는 우선 드러난 문제점들을 해결하기 위한 지혜를 모아야 할 때다.

적이 안타까운 건, 아직까지도 시민인문학의 당면문제와 전망에 대한 심도 있는 논의가 진행되지 않고 있는 것이다. 논의가 지지부진한 건 응당 각 강좌를 이끌고 있는 주체들의 문제의식 결여가 주된 원인이다. 더구나 각 강좌의 주체들 간에 상호신뢰의 결여 또한 심각한 문제가 아닐 수 없다. 각자 자기 방식을 고집하고 있을 뿐 교류와 연대를 통해 시민인문학의 발전적 전망을 세우는 일에는 관심이 없어 보인다.

시쳇말로 '각자도생各自圖生'의 길을 모색하고 있는 것이다.

이대로라면 시민인문학의 미래는 밝지 않다. 이제라도 시민인문학의 내용과 방식, 의미에 대한 강좌 간 정보교류와 논의가 활발하게 이루어져야 한다. 누군가의 말대로 한때 유행처럼 번졌다가 이내 사라지고 마는 허망한 결과를 초래하지 않기 위해서다.

무엇보다 신뢰의 구축이 중요하다. 신뢰야말로 전망과 비전을 논의하기 위한 전제이기 때문이다. 먼저 실천한 사람으로서의 자부심을 갖는 건 좋은 일이다. 그러나 자부심보다 중요한 것은 시민인문학의 전망을 세우는 일에 책임감을 느끼는 것이다. 그렇지 못할 경우 인문학은 다시 강단에 유폐되거나 일부 제도권 학자들의 밥그릇싸움의 도구로 전락할 우려가 있다. 모쪼록 강단의 담장에 갇혀 있다가 이제 비로소 담장을 넘어 가난한 이웃들의 고통을 어루만지기 시작한 인문학이 우리 사회 구석구석에 진한 향기와 여운을 남기게 되길 바랄 뿐이다.

지난 6년간 진행됐던 시민인문학의 경과를 살피면서, 그 기간에 드러난 문제점을 짚고, 시민인문학 본연의 취지와 의미를 되새기며 미래의 전망을 이야기하고자 한다. 아울러 시민인문학에 참여하고 있는 실천적 지식인들의 시대적 역할과 책무에 대해서도 논해볼 작정이다.

'성프란시스대학'에서 '경희대 실천인문학센터'까지.

6년 전 '성프란시스대학'이 출범할 때만 해도 사람들의 반응은 시큰둥 그 자체였다. 게으르고 패배주의에 젖어 있을 줄로만 알았던 노숙인들이 강력한 자활의지를 가지고 학습의욕을 불태운다는 데 시큰 둥했을 것이고, 그들에게 직업훈련이나 무료배식, 잠자리 제공이 아닌 인문학으로 다가서고 있다는 것에 다시 한 번 콧방귀를 뀌었을 것이다.

한편 그간 어렵고 고리타분한 학문으로만 인식되던 인문학은 시민인문학을 통해 상당부분 이미지를 쇄신하기도 했다. 결국 인문학 강좌의 가장 큰 수혜자는 인문학 그 자신인 셈이고, 노숙인을 비롯한 시민인문학 수강생들에게 큰 빚을 진 것이나 마찬가지였다.

언론 역시 노숙인 인문학의 출범에 민감하게 반응했다. 워낙에 어울릴 것 같지 않은 노숙인과 인문학의 어색한 만남, 그 자체가 하나의 사건으로 받아들여진 데다 기업의 후원까지 따라붙었다니 관심을 갖지 않을 도리가 없었던 것이다.

2005년 9월 각계의 비상한 관심 속에 출범한 성프란시스대학은 학기를 마치기도 전에 여기저기서 강좌개설의 정신과 노하우를 배우고 싶다는 문의에 시달려야 했다. 이듬해부터는 지역의 빈곤계층을 대상으로 자활사업을 전개하는 지역자활후견기관에서 성프란시스대학을 역할모델로 한 인문학 코스를 개설하려는 움직임이 일기 시작했다.

성프란시스대학에 이어 가장 먼저 인문학 강좌를 개설한 곳은 뜻밖에도 제주도에 있는 서귀포자활후견기관이었다. 관장이 직접 서울로 날아와 성프란시스대학의 취지와 운영원리를 공부한 뒤 지역으로 내려가 지역의 지식인들(철학자, 작가, 화가 등)과 지역 대학(제주대학교)을 묶어 2006년 5월에 '제주희망대학'을 설립하기에 이르렀다.

뒤이어 관악일터나눔자활지원센터에서 '관악인문대학'을 만들었고, 비슷한 시기에 경기도 수원에 위치한 경기광역자활지원센터에서 '경기광역 자활 인문학 강좌'를 개설했으며, 서울시 노원구의 영구임대아파트 주민들을 위한 지역주민 공부공동체에서 '노원성프란시스대학'을 설립하기도 했다. 노원성프란시스대학은 지역에서 활동하던 몇 개의 시민단체들이 연대해 스스로 예산을 만들고 운영진을 꾸리는 등 지역공동체 운동의 모범을 보이기도 했다.

2007년 여름 인권실천시민연대(인권연대)에서 뜻 깊은 모임이 열렸다. 그날의 행사는 '교정인문학 어떻게 지속할 것인가'라는 제목이 붙은 사례발표회 겸 토론의 장이었다. 넓지 않은 인권연대 강당은 사례발표를 듣기 위해 각지에서 모여든 인사들로 빼곡했다. 그리고 다소 긴장된 분위기속에서 철학자 조광제와 문학평론가 이명원의 발제가 이어졌다.

인권연대가 기획, 진행했던 의정부교도소 인문학 강좌에 대한 사례를 발표하는 자리였다. 두 사람 공히 처음에는 교도소라는 공간의 특성상 그리고 수강생들의 특수한 상황 탓에 처음에는 분위기가 상당히 굳어 있었다고 했다. 그러나 회차를 거듭하면서 강의 분위기가 무르익더니 끝내는 서로 진지한 대화를 나누기도 하고 글을 돌려 읽으며 의견을 나누는 등 사뭇 진지한 공부 분위기가 조성되었다고, 두 발표자는 담담하게 말하고 있었다.

2007년 말, 드디어 정부와 지방자치단체가 움직이기 시작했다. 한국학술진흥재단(현재 한국연구재단)의 움직임이 민첩했다. 2007년 말 연구재단은 인문학 활성화 사업의 일환으로 시민인문학강좌 지원 프로그램을 기획·실행하기 시작했다. 그때까지 다음해 진행예산을 확보하지 못했던 여타의 인문학강좌들(관악인문대학, 경기광역인문학강좌 등)엔 단비와도 같은 소식이었고, 일찍이 시민인문학의 필요성과 의미에 주목해 오던 지방의 몇몇 대학에선 새로운 강좌를 개설할 동력을 얻게 된 셈이었다.

2007년 겨울, 총 21개 강좌가 연구재단의 지원프로그램으로 선정돼 2008년부터 다양한 기관과 지역에서 다양한 계층을 대상으로 하는 인문학 강좌가 진행되었다. 기존의 인문학 강좌들(성프란시스대학, 노원성프란시스대학, 관악인문대학, 경기광역자활인문학 등)은 연속사업으로 가져갈 수 있게 되었고, 계명대학교, 전남대학교, 전북대학교 등의 대학들과 철학아카데미 등의 시민대상 교육기관들 또한 지역 단체와 연계해 시민인문학 강좌를 개설할 수 있게 되었다.

한편, 교수진으론 시민인문학 최초의 참여자였던 나와 우기동 교수(철학)는 보다 큰 꿈을 꾸기 시작했다. 우 교수와 함께 내가 주목한 것은 특정 기업이나 개별적 기관, 정부 혹은 지자체의 한정적 예산지원에만 기대서는 시민인문학의 미래가 불투명하다는 점이었다. 특히 우기동 교수는 시민인문학의 안정적 운영을 담보할 '틀'을 만드는 게 중요하다는 신념을 갖고 있었다.

결국 우기동 교수는 대학이 전면에 나서야 한다는 결론에 이른다. 그 해(2007년) 말 우기동 교수와 나, 이병수 교수(철학) 등은 경희대학교에 시민인문학 연구 프로젝트를 제안한다. 그리고 이듬해 경희대학교는 시민인문학 프로젝트를 지속적으로 추진하기 위해 대학내에 '실천인문학센터'를 꾸리는 것으로 화답했다. 대학으로선 최초의 시도였고, 시민인문학 역시 대학내 둥지를 틀긴 처음이었다. 3년 여 성프란시스대학에 몸담고 있던 나는 곧 경희대학교 문과대 실천인문학센터의 운영위원 겸 교수로 자리를 옮겨 2008년부터 노숙인쉼터, 자활지원센터, 주민센터, 교도소 등에서 강의하고 있다.

또 하나의 주목할 움직임은 서울시였다. 오세훈 서울시장이 '클레멘트 코스'의 설립자 얼 쇼리스가 쓴 〈희망의 인문학〉(고병헌, 이병권, 이병권, 임정아 공역, 이매진, 2006)을 읽은 것이 계기가 되어 2007년 말 급거 시민인문학 예산을 만들기로 한 것이었다. 그리고 이듬해 '휴먼 서울, 시민인문학 강좌'를 개설했다. 마침 서울시로부터 시민인문학 운영을 위탁받게 된 경희대학교 실천인문학센터는 서울시 각급 자활기관 및 노숙인 쉼터 등에서 인문학 강좌 12개 코스를 위탁, 운영하기 시작했다. 투자 대비 성과가 좋다고 판단한 서울시는 2009년도엔 시민인문학 예산을 대폭 늘려 경희대학교 실천인문학센터 뿐 아니라 동국대학교, 서울시립대학교, 성공회대학교 등도 시민인문학 강좌에 참여할 수 있게 했다.

시민인문학이 어느덧 6년이라는 연조를 쌓게 되었다. 섣불리 성과를 말하긴 쉽지 않지만 아무튼 시민인문학은 지난 6년여 동안 전국을 누비며 서울에서 제주로, 수원으로 광주로, 대구로 그야말로 종횡무진 힘차게 달려왔다. 숨이 가쁠 정도다. 불과 6년 만에 이룬 일이라기엔 믿기 힘들만큼 경이로운 발전을 이루어왔다. 1개 강좌로 출발해서 전국적으로 40여개의 강좌로 늘어났으니 말이다.

시민인문학의 양적 팽창과 발전은 여러 가지 요인들이 복합적으로 작용한 결과라고 할 수 있다. 인문학의 가치에 새롭게 눈을 뜨기 시작한 사회적 분위기, 지식인과 대학의 사회적 책무에 관한 다양한 논의들, 양극화의 심화로 인한 경제적 약자들에 대한 사회적 관심의 증가가 맞물리면서 시민인문학을 밀고당겨주었던 것이다.

그러나 양적 증가가 곧 내용면에서의 성과를 의미하는 것은 아니다. 일단 분위기를 탄만큼 당분간은 유행처럼 양적 성장을 거듭할 것으로 보인다. 경계할 것도 있다. 양적 성장에 취해 내용적인 측면에서 본연의 취지를 살리려는 노력을 게을리 하는 것이다. 시민인문학의 미래는 이제부터 어떻게 하느냐에 달린 셈이다.

왜 인문학인가, 시민인문학은 무엇인가?

시민인문학 강좌에 참여한 사람치고 "인문학이 무엇입니까?"라는 원론적인 질문을 받아보지 않은 사람은 없을 것이다. 한발 더 나아가 "노숙인인문학 혹은 시민인문학이 무엇이고, 왜 필요한 것이냐?"는 까다로운 질문을 받았거나 스스로에게 되물었던 적도 있을 것이다.

질문은 동일하지만 대답은 상황에 따라 달라질 수밖에 없다. 사전적 의미를 설명하는 것으로 대충 얼버무리고 넘어갈 수 있는 일이 아니다. 더구나 그게 인문학을 듣고 있는 수강생의 질문이라면 더욱 그렇다. 노숙인 등 소외계층이 참여하는 인문학 강의 현장은 원론적 담론이나 논하고 있을 만큼 그리 한가하지 않기 때문이다.

나의 경우, 질문을 받을 때마다 나름의 논리와 상상력을 동원해서 어렵사리 대답하곤 하지만, 막상 돌아서서 생각해 보면 그 대답이 과연 신뢰할 만한 것인지, 질문의 의도에 충분히 부합했는지를 자신할 수 없어 괴로워했던 기억이 한 두 번이 아니었다.

인문학 강의를 하는 사람이 '인문학이 무엇이냐'는 질문에 선뜻 대답하지 못한다는 건 상식적으로는 말이 되지 않는 소리일지 모른다. 그러나 그 어이없는 모순적 상황이 자주 연출되는 것이 바로 시민인문학의 현장이다. 물론 이유가 있다. 질문의 의도가 단순하지 않을뿐더러 그 질문을 던지는 사람은 어떤 의미에선 삶의 전부를 건 질문일 수 있기 때문이다.

어찌 생각해 보면, 그 질문 속에 시민인문학의 모든 의미가 녹아들어가 있는지도 모를 일이다. 그런 질문을 하게 만든 것 그게 바로 인문학 교육의 효과이기도 한 것이기 때문이다. 그래서 늘 시민인문학 강의에 참여하고 있는 사람들은 스스로에게 되묻곤 하는 습관을 가지고 있다. 대체 인문학이란 무엇인가, 시민인문학이란 또 무엇이더란 말인가.

그러한 질문을 화두로 기나긴 시간을 고뇌했던 기억을 가지고 있는 건 비단 나만은 아닐 것이다. 철학을 강의했던 사람은 철학적으로 시민인문학의 의미를 규명하기 위해 무진 애를 썼을 것이고, 문학이나 역사를 강의했던 사람 역시 나름의 분야에 맞는 정답을 찾기 위해 고심했을 것이다. 그러나 문제는 아직 모든 분야를 통괄할 만한 하나의 대답을 찾지 못하고 있다는 것이다. 그런 의미에서 시민인문학에 참여한 모든 교수진은 앞으로 보다 많은 경험을 축적해야 할 것이며, 아울러 보다 치열한 논의와 연구를 거듭해야 할 것이다.

앞서 인문학이 가난한 시민들에게 빚을 지고 있다는 말을 했다. 의아하게 들렸을지 모르겠다. 그러나 그 말은 진실에 가깝다. 그만큼 인문학은 시민인문학을 통해 거듭 나고 있으며 그 의미가 더 넓고 깊게

퍼지고 있다. 그런데 이게 어찌된 일인가. 정작 교수들이 쩔쩔매는 것을 수강생이 쉽게 풀어내는 일이 잦으니 말이다. 그래서다. 진실은, 그리고 정답은 늘 현장에 있다. 그것이 어떤 질문이든 간에 수강생의 입을 통해 촌철살인의 대답을 듣는 일은 언제나 신선한 감동이다.

시민인문학, 문제점은 무엇인가.

6년 동안 숨 가쁘게 달려온 시민인문학은 우리 사회에 많은 시사점을 던져주었다. 그러나 시민인문학의 갈 길은 멀다. 강좌 운영이 체계적이라 할 수 없고, 미래의 전망 또한 불투명한 게 사실이다. 내부를 살펴보면 모순과 문제점들 또한 만만찮게 발견된다.

그러나 시민인문학의 미래는 밝은 편이다. 노숙인 인문학에 고무된 뒤 사회 전반에서 인문학의 가치를 새롭게 인식하기 시작했기 때문이다. 인문학 열풍은 당분간 계속되리라는 게 대체적인 시각이다. 그렇기로, 시민인문학을 발전시키기 위한 노력을 게을리 해서는 안될 것이다. 인문학 발전을 위한 인문학적 고민을 계속해야 할 것이며, 인문학 외적인 방식의 고민도 병행되어야 할 것이다.

우선 시민인문학 운영의 문제점을 면밀하게 고찰하는 것이 순서일 듯하다. 그런 연후 미래의 발전방향과 전망을 생각해 보기로 하자. 문제들을 정리해 보면 결국 구조와 시스템의 문제, 그리고 소통의 문제로 귀착된다. 인문학 강좌에 참여한 모든 사람들이 머리를 맞대고 함께 해결해야 할 문제들이다.

가장 시급한 문제는 교육의 연속성을 확보하는 문제라고 할 수 있을 것이다. 현재 시민인문학은 한국연구재단, 서울시, 경희대학교 등의 물적, 인적 지원에 힘입어 진행되고 있다. 그러나 연속사업으로서의 안정성을 획득한 건 아니다. 무엇보다 재정안정성을 담보하지 못하고 있다. 그래서다. 시민인문학이 지속되기 위해서는 별도의 재원마련과 함께 시민인문학 전체를 아우를 수 있는 새로운 틀거리를 만들어내는 일이 시급한 과제라 하겠다.

정부나 지자체, 기업 등의 지원은 필연적으로 성과주의의 함정에 빠질 수 있다. 특정 대학교의 지원에도 한계가 있을 수밖에 없다. 대학이 마냥 외부 강좌에 대한 지원에만 나설 수 없을 것이기 때문이다.

현재 경희대학교 우기동 교수를 중심으로 시민인문학의 장기적인 발전을 위한 다각적인 연구와 노력이 진행되고 있는 것으로 알고 있다. 방식은 두 가지다. 하나는 시민인문학에 대한 정부 차원의 재정 및 기타 지원을 이끌어 내는 것이다. 다른 하나는 민간 부문의 관심과 지원을 이끌어내는 방식이다. 사회적 기부와 기업 등의 지원을 이끌어 내려는 것이지만 쉽지는 않아 보인다. 시민인문학에 대한 보다 많은 사회적 관심이 아쉬운 대목이다. 결국 당분간은 각 강좌가 개별적 운영력을 발휘할 수밖에 없는 현실인 것이다.

두 번째 문제는 시민인문학에 참여하는 강사진에 대한 처우 및 위상의 문제이다. 현재로선 시민인문학에 참여하는 강사에게 제공되는 것이 아무것도 없는 현실이다. 물론 일정액의 강사료가 지급되고 있지만 강좌마다 차이가 크고, 강의의 연속성이 담보되지 않은 상태여서 불안한 구조일 수밖에 없다.

강사의 불안정한 신분은 고스란히 강사의 잦은 교체로 이어지고, 이는 또한 강좌 운영의 불안정성을 낳기도 한다. 그로인한 문제는 심각한 편이다. 경험 축적의 결여가 일차적으로 나타나는 문제점이라면 이차적으로는 강사들 간의 정보교류가 원활치 못하고 과목 간 연계강의가 이루어지지 못하는 심각한 문제를 낳게 된다.

우리 시민인문학이 전범으로 삼았던 클레멘트 코스의 경우, 과목 간 연계 강의야말로 코스의 근간을 이루는 중요한 요소로 자리 잡고 있다. 비슷한 연령과 학력수준, 공통의 관심을 가진 학생들이 모인 일반대학과 달리 시민인문학의 수강생들은 다양한 연령대와 각기 다른 지적 수준과 경험을 가진 복합적인 계층구조를 이루고 있기 때문에 특정 강사가 그들의 모든 것을 책임지는 이른바 '멘토'가 되기 힘들다. 그러나 강사간 강의 연계를 통해 협업 멘토가 되는 것은 얼마든지 가능한 일이다. 클레멘트 코스의 장점이 바로 거기에서 비롯되고 있는 것이다.

수강생의 요구와 기대에 부응하기 위해서 각 과목 강사들 간에 원활한 정보교류와 그에 따른 맞춤한 강의 설계가 이루어져야 한다. 그러나 아직 우리의 시민인문학에서는 그러한 시도가 제대로 이루어지지 못하고 있다. 현실적으로 시민인문학에만 전념할 수 없는 강사들에게 과목 간 유기적인 연계를 위해 더 많은 시간을 할애하라고 요구하는 건 무리일 수 있기 때문이다.

세 번째 문제는 강사 및 운영진이 시민인문학에 참여하는 계층에 대한 이해가 부족한 경우다. 시민인문학에 참여한 강사가 갖춰야 할 제1조건은 학위나 사회적 배경, 명망도가 아니다. 그 보다 더 중요한 건 수강생들의 현실에 대해 충분히 이해하는 것이다. 그래야만 그들과 관계망을 형성할 수 있기 때문이다.

  시민인문학의 기본 취지는 다양한 관계망을 형성하는 것이라 해도 과언이 아니다. 강사와 수강생, 수강생과 수강생, 수강생과 실무자 그 모든 관계가 소중하다. 그러한 관계망의 기초 위에서 보다 넓은 소통의 마당을 맞이할 수 있을 것이기 때문이다. 강의에 참여하고 있을 뿐 수강생과의 관계형성의 필요를 느끼지 못하거나 필요를 느끼면서도 소극적인 태도를 보이는 강사여서는 곤란하다는 얘기다. 강사의 자질은 강의의 수준만으로 가늠할 수 있는 게 아니다.

  소통의 부재와 이해의 결핍은 비단 강사만의 문제가 아니다. 더 심각한 것은 각기 시민인문학 강좌들 간의 정보교류와 논의의 장이 마련되지 못한 현실이다. 강좌별로 각기 다른 조건에서 강의하고 있지만 최소한 시민인문학의 기본 정신과 취지 정도는 공유하고 함께 논의해야 하는 게 아닌가.

  안정적인 구조가 만들어지지 않은 상태에서 강의현장에서 벌어지는 다양한 문제들을 강사 개인의 자질이나 소양의 문제로 돌려버리는 건 옳지 않을뿐더러 온당치도 않은 일이다. 강좌 간 경험이 공유되고, 강사들의 강의경험이 공유될 때 비로소 시민인문학은 명맥을 이어나갈 수 있고 내용적인 면에서도 발전할 수 있다.

지식나눔을 넘어 함께 만드는 삶의 희망으로.

  시민인문학의 주요 덕목은 인문학을 통해 자존감을 고취하는 한편, 경제적 능력에 상관없이 시민 모두가 저마다 자기 삶의 주체로 우뚝

서도록 하는 데 있다. 클레멘트 코스의 설립자 얼 쇼리스는 인문학 코스의 궁극적인 목적은 "가난한 사람들이 인문학을 통해 자존과 정치적 삶을 회복해 '위험한 시민'으로 거듭나게 하는 것"이라고 말한다.

한편 시민인문학은 지식인들의 '지식 나눔 운동'으로서의 의미도 있다. 시민인문학에 참여해 강의하는 것은 단순히 강좌 하나를 더 맡은 것에 머물지 않는다. 그보다는 지식인의 사회적·시대적 역할에 복무하는 의미가 크다. 그러나 지식나눔의 관점에서만 본다면 시민인문학의 한계는 분명하다. 부자에겐 돈을 나누는 것이 가장 적게 나누는 것이요, 몸과 정신을 나누는 것이 크게 나누는 것이듯이 지식인의 지식 나눔은 가장 작고 쉽게 나누는 것에 다름 아니기 때문이다. 문제는 지식나눔만으로 시민들의 삶의 변화를 이끌어 낼 수 있을까 하는 점이다. 변화의 가능성이 없는 교육이라면 이미 교육이 아닌 것이다.

실제 인문학은 가뜩이나 힘든 빈곤계층을 더 괴롭게 만드는 역작용을 하기도 한다. 특히 빈곤문제를 개인의 도덕이나 윤리의 문제로 바라보는 안일한 자세와 그에 입각한 훈계식 일방교육을 하는 것은 그 자체로 위험천만한 일이 아닐 수 없다. 신중하게 접근해야 하고, 더불어 변화를 이끌 동력을 확보하는 데 주력해야 하는 이유다. 시민인문학이 단순 지식나눔을 넘어 보다 구체적이며 적극적인 서로의 변화를 이끌어내는 장이 되어야 하는 이유다.

인문학은 빈곤한 시민들의 정신을 바꿀 수 있지만 그것이 고스란히 현실적 고통을 해소시키는 처방전이 될 수는 없다. 시쳇말로 인문학을 공부한다고 해서 빵이나 돈이 나오는 건 아니라는 얘기다. 인문학 교육을 넘어 새로운 대안을 고민해야 할 때가 되었다는 것이다.

빈곤한 시민들의 삶을 변화시키기 위해서는 인문학과 더불어 그들의 경제적 능력을 향상시킬 수 있는 방안을 찾는 일도 함께 해야 할 것이다. 물론 쉽지 않은 일이다. 그러나 전혀 방법이 없는 것도 아니다. 최근 세계 산업계의 동향 중에 주목할 만한 흐름이 감지되고 있다. 이른바 제4섹터라 불리는 '사회적 기업'(social enterprise)의 활약상이 그것이다. 특별한 기술이나 전문지식이 없어 안정적 일자리를 구하지 못하는 빈곤계층에게 맞춤한 일자리를 제공하는 한편, 사회적 서비스를 제공하는 사회적 기업이 사회경제적 양극화 해소를 위한 새로운 대안이 되고 있는 것이다.

시민인문학 6년의 경험과 노하우를 통해 보다 구체적인 지식 나눔의 장을 만드는 것이 이제 시민인문학에 부여된 새로운 과제이자 전망일 수 있다.

세상을 바꾸는 비이성적인 사람들의 힘

몇 년 전 제도권 인문학자들이 모여 '인문학 선언'을 했다. 취업전쟁에 내몰린 학생들의 인문학 전공회피로 인해 인문학 관련 학과와 소속 교수들이 위기에 처했다는 것이고, 그래서 인문학의 위기를 선언하게 되었다는 것이다. 현상만 놓고 보면 맞는 얘기다.

인문학은 위기다. 그러나 위기의 선언에 앞서 생각해 볼 것이 있다. 역사적으로 볼 때 인문학은 위기에 처하지 않았던 때가 없었다. 인문학은 늘 위기였고, 위기야 말로 인문학을 키운 힘이기도 했다. 이유는 자명하다. 인간들이 만들어낸 세상사의 모든 구조와 시스템이 늘 불안하고 위태로운 상태에 놓여있기 때문이다. 만약 위기의식이 없다면 인문학은 존재할 이유조차 없었을지 모른다. 모든 게 원활하고 풍요로우며 만족스러운데 누가 인문학적 성찰에 주목할 것인가.

인문학은 위기를 먹고산다고 해도 과언이 아니다. 그래서다. 지금처럼 경제적 양극화, 사회문화적 양극화가 심화된 시기일수록 인문학의 힘은 더욱 커다란 가치를 발현해야만 한다.

양극화 시대의 화두는 단연 빈곤문제다. 빈곤을 해결하기 위해 선행되어야 할 것은 섣부른 처방전을 내놓기보다 빈곤의 본질적 의미를 인문학적으로 파악하는 것이어야 한다. 경제적, 정치적 관점에서 볼 때 빈곤은 '분배의 문제'이며 '정책의 문제'일 수밖에 없다. 그러나 인문학적 관점에서 보면 빈곤은 분배의 문제가 아니라 '관계의 문제'이다. 따라서 양극화 시대의 지식인의 역할은 사회시스템과 빈곤계층 간의 관계의 변화를 모색하는 것이 되어야 한다.

관계는 곧 사람이다. 아니, 사람이 곧 관계이다. 삶의 궁극적 의미를 탐구하는 인문학은 결국 '관계'를 연구하는 학문일 수밖에 없다. 따라서 빈곤은 관계의 문제이며, 인문학의 문제인 셈이다. 최근 주목받고 있는 사회적 배제(social exclusion) 이론에서는 "기존의 화폐 중심적인 빈곤개념에 반하여 빈곤을 초래하는 원인의 '다차원성'과 '동태적인 프로세스'(poverty as process)에 주목하면서 '분배적 문제'로부터 '관계적 문제'로의 초점의 변화를 요구하고 있다."

현실에서 절실하게 필요한 사람은 변화를 모색하는 실천적 지식인이다. 이성과 논리로 무장한 사람이기 보다는 비이성적 추진력과 열정적 감성으로 똘똘 뭉친 지식인이야말로 오늘의 척박한 현실을 변화시킬 잠재력이 있는 사람이다.

극작가 버나드 쇼는 "모든 진보는 비이성적인 사람의 손에 달려 있다"고 말한다. 이성적인 사람은 자신을 세상에 적응시키지만 비이성적인 사람은 고집스럽게 세상을 자신에게 적응시키려 하기 때문이라는 것이다. 사회적 기업가들의 특성이 그러하다. 오늘날 선도적인 사회적 기업가 중 몇몇은 분명히 비이성적이며, 상당수는 미친 사람으로 불리기도 한다. 그럼에도 우리의 미래가 그들이 하는 일에 달려 있다면 과연 어떤 생각이 드는가. 우리는 이미 테러리즘, 가난, 각종 분쟁으로부터 시작해서 기후변화와 세계적 전염병에 이르기까지 엄청난 도전에 직면해 있다. 우리는 기업과 시장을 이용하여 세상을 근본적으로 재구축하지 않고는 이러한 도전을 극복할 수 없다. 오로지 비이성적인 사람들의 힘만이 현실의 어려움을 극복해낼 수 있다.

누구나 장밋빛 미래를 꿈꾼다. 그러나 그곳에 이르기 위해 반드시 거쳐야 하는 가시밭길에 대해서는 말하는 것조차 꺼린다. 싹을 자르거나 기를 죽일 수 있다고 생각해서다. 그러나 기우다. 제아무리 험난한 고난의 길이라 해도 기꺼이 달려드는 사람들이 있다. 강력한 도전정신의 소유자인 그들이 바로 '비이성적인 사람들'이다. 이성과 논리로는 설명되지 않는 '비이성적'인 성향을 가진 사람들, 세상은 바로 그들에 의해 변화하고 있다.(참고, 존 엘킹턴, 파멜라 하티건 저 〈비이성적인 사람들의 힘 The Power Of Unreasonable People〉)

21세기 양극화 시대의 실천적 지식인은 어쩌면 비이성적인 사람일지 모른다. 남들이 출세에 목을 매고 돈벌이에 혈안일 때 가난한 이웃과의 공동체적 삶을 고민하는 것을 보면 그럴 가능성이 크다. 이성적 사고로는 도저히 불가능해 보이는 것도 비이성적인 사람들은 과감하게 시도한다.

그래서다. "모든 진보는 비이성적인 사람의 손에 달려 있다."는 말을 두고두고 곱씹을 일이다.